管理其实并不难

刷新管理认知，造就高效组织

熊超群○著

图书在版编目（CIP）数据

管理其实并不难 / 熊超群著. —广州：广东经济出版社，2018.5
ISBN 978-7-5454-6234-0

Ⅰ. ①管…　Ⅱ. ①熊…　Ⅲ. ①企业管理－研究　Ⅳ. ①F272

中国版本图书馆CIP数据核字（2018）第082528号

出 版 人：姚丹林
责任编辑：易　伦　甘雪峰
责任技编：许伟斌
装帧设计：拉风美文

管理其实并不难
GUANLIQISHIBINGBUNAN

出版发行	广东经济出版社（广州市环市东路水荫路11号11~12楼）
经销	全国新华书店
印刷	北京嘉业印刷厂（北京市大兴区黄村镇李村）
开本	787毫米×1092毫米　1/16
印张	17
字数	158 000
版次	2018年6月第1版
印次	2018年6月第1次
书号	ISBN 978-7-5454-6234-0
定价	45.00元

推荐序一

一棵树，它拥有持久的生命力，不仅在于根系扎根于土壤，吸收水分和营养，也在于枝叶伸向天空，沐浴阳光和雨露。创新与坚守就像树的枝和根，向上追求超越，向下强壮根基，这二者，对于一个人的成长而言，往往互为表里，是事业成功的不二法门。

耕则问田奴，绢则问织婢。中国中小企业普遍存在管理不规范、管理者水平有待提高的问题。如何帮助中国本土企业走上规范化、持续化经营的轨道，一大批企业咨询和培训界的仁人志士付出了很多努力。像本书作者熊超群一样具有丰富的企业管理实务经验的专业人士就很受企业界欢迎。他讲自己所做、做自己所讲，来自企业的管理者们容易吸收，也容易落地转化。二十八年来，熊超群先生在企业管理实践中本着“面对事实，解决问题”的工作理念，总结了许多原理、工具和方法，为企业员工提高胜任能力、改善内部运营及外部客户价值和经营指标等不同层面的增长提供了解决方案。

熊超群先生不仅能在课堂上围绕“企业经营目标达成”这个主题讲授系列管理课程，而且还能把他为企业解决问题的思考形成方法论，比如“量化任务的4种维度”“目标设定的5种方法”“量化考核的6种技术”“绩效改进的7步法”“团队协作的八方管控”“绩效路径的9个环节”等等。他的培训采取现场建模、沙盘演练、团队移植的创新手法，深受大家喜爱。他在聚成股份的培训平台上推出“绩效100工程”咨询班，把他这么多年来为企业提供咨询服务的经验和成果提炼成系列解决方案，让企业家带领管理团队一起接受系统训练，举100%员工之力，开100%利润之源，建立以赢利为驱动的创新经营模式。他以集中培训加上个性化落地的辅导方式，让受训的企业用培训的费用收获项目咨询的成效，为每家受训的企业节省百万元的咨询费用。

汉桑（南京）科技有限公司董事长王斌女士先后带领公司22位管理者参加《绩效100工程》的培训。她这样评价熊超群先生和他的课程：“熊超群老师《绩效100工程》完整的理论、方法、工具和大量的案例，能够切实有效地帮助我们去建立健全经营管理体系。我是带领全体管理团队成员来参加学习的，通过学习大家心里产生很多共识，有了很多共同的理念、共同的沟通语言和方法。我现在明显看到对所有的管理团队来讲都像经历了EMBA学习一样，他们的见识和能力，都有了很大的提升。我能看到他们主动地去研讨自己的工作，探究更深入的工作方法和体系。”

“怎样把公司大的经营目标和每个员工的绩效相结合一直是个难题，学习了‘绩效路径图’这个工具之后，我们很有效地把公司大的经营目标体系跟每个员工个人目标和绩效相挂钩，而且还可以落地。过去参加过很多的培训课程，理论性的内容偏多，而熊超群老师的课程非常注重教学相长、知行合一！我们所有团队成员包括我个人，被熊超群老师的人品和人格魅力深深折服。我们深深感受到熊超群老师愿意把自己的管理经验和知识传递给中国的企业，帮助中国的企业去成长！”

经师易求，人师难得。本书是熊超群老师将他的主打课程《绩效100工程》中的方法写了出来，案例生动，浅显易懂，相信能帮助更多企业提升经营管理水平！祝愿熊超群老师在为中国企业传道授业的道路上坚守和创新。“坚守”是为了生命更加精彩，“创新”是让精彩持续得更久一些。

聚成股份董事长　华商书院院长

推荐序二

“企业经营的目的是满足客户的需求，为客户创造价值；企业的收入、成本和利润是企业经营的目标。”每每为企业家授课时，熊超群教授会用这样的观点开场。

他常常用大自然中的现象和生活中的体会来演绎企业经营管理的方法论。他为学员们讲述企业经营目标体系建构的时候，把企业经营比喻成种一棵果树一样。“果子”就是企业经营中的“财务指标”，反映企业经营的效益。果实是有季节的，是被采摘的，这说明财务的结果是被“分享”出去的。“枝叶”就像企业为客户创造的价值，只有枝繁叶茂，才能硕果累累。枝叶是会枯黄脱落的，而且来年又会发芽，重新长出新的枝叶。这说明创造客户价值就是要不断地去满足他们新的需求。“树干”就像企业运营管理，把树根从泥土中吸收的营养通过“树干”输送到“枝叶”，结合阳光和雨露的综合效应，长出一个个又大又甜的果子。树干容易遭病虫害，也是容易被外界攻击的。这说明内部运营需要被“优化和保护”。“树根”，就像企业员工的“学习与成长”，是企业的立地之本！树根是看不见摸不着的，要挖出来才知道尺寸，这说明学习与成长是不容易被“测量”的。他用“果树理论”阐述了自己企业管理的哲学思想，那就是“客为尊”（“枝繁叶茂”是企业经营的目的）、“利为果”（企业要设定获取利润的目标）、“事为先”（先把企业运营中的任务明确）、“人为重”（人力资源是企业经营中最重要的要素）。企业从财务回报、客户价值创造、运营改善和员工学习与成长等四个层面建立目标，就形成了一个科学并且完整的体系。

熊超群教授在研究企业管理中还有两个有趣的发现，一个是“剪刀差原理”，一个是“飞行模式”。他发现员工责任不到位或者执行不力，会带来损失，斥之为“失败成本”。管理者最基本的责任就是消灭“失败成本”，如果把“失败成本”当成是剪刀口，那么消灭它的方法就是在剪刀的两个手把儿上用力。熊超群教授根据长期管理实践中的体会认识到：第一个手把儿代表投入“预防成本”，建立激励机制，调整执行者心态；第二个手把儿代表投入“监督成本”，建立考核体系、用目标改进管理。这样，“剪刀差原理”带给管理者的启发就是：打造员工执行力要从“机制建立”和“绩效评价”双管齐下，才能获得好的效果！

企业经营者常常遇到一个最头痛的问题，就是公司明确了经营目标，员工该如何达成目标呢？熊超群教授总结了一个化繁为简的管理工具，他形象地称之为“飞行模式”。一架飞机有头尾及两个机翼四个部分构成，“头部”代表“定义结果”，“结果”一定要与“经营目标”挂钩。不同的目标要用不同的方法完成，目标决定策略，“尾部”代表达成目标的“策略”，一旦策略制定就应该落实到行动上，飞机的两个“机翼”分别代表“策略实施”的及时性和有效性。他让企业管理者学会用“飞行模式”工具将任务进行定向分析、责任落实，有效地将目标分解到组织中不同的岗位上。

熊超群教授创建了一门企业管理应用学科《绩效100工程》，六年以来有六百多家企业经营团队把它作为达成经营目标的共同行为模式。据南京英格玛仪器有限公司总经理李劲东介绍，他带领公司高管团队7人参加为期三个月《绩效100工程》的系统学习，在课堂上高管团队确定了新的一年经营目标增长46%，运用课堂上学到的原理、工具和方法，实现了超过50%的增长结果。本书中许多管理方法和案例来自于这门系统解决方案课程，书中介绍的管理方法值得读者学习和运用！

南京师范大学商学院　院长 博士生导师 教授

目 录

第三章　量化机制，保证任务完成度

第四章　打造行为模式，实现员工自我管理

第五章 管理创新

前 言

每家企业都有自己的年度经营目标。年初设定经营目标时，大家都信心百倍；可到年底总结的时候，却经常发现目标并没有如期达成。在长期为国内成长型企业提供管理咨询和培训的过程中，我总结发现企业达成经营目标面临着以下六大项障碍。

方向不明：不清楚业绩增长点。

不同企业的业绩驱动力是不一样的。以锂电池公司为例。经营目标包含市场份额目标、主营收入目标、利润目标、资产周转率等。在运营过程中，企业不能把实现利润目标过多地寄希望于下游客户，因为客户支付的价格相对固定或者吸引力不明显。而如果过度依赖上游客户，公司命运就会相对被动。企业应该严把采购预算关，在无法改变电池售价的情况下，如果能使采购成本下降，也就等于取得了利润。

动力不足：寻找不到有效的激励机制。

以研发、生产与销售农用车辆的企业为例。该行业销售增长非常缓慢，业绩也相对惨淡，从业者纷纷抱怨行业萧条。其实，公司可以通过老客户来发现新商机，因为老客户有可能会买第二台车，也有可能推荐他的朋友购买。企业需要建立对售后服务人员的激励机制，激发员工的工作动力，提升员工的服务意识和能力。

权责不清：责、权、利、能没有一体化。

某企业的销售部长主管产品销售，公司对他除了考核销售增长外，还要考核产品的毛利润。但是对于哪些地方需要促销、哪些地方需要捆绑式促销并支付赠品等具体销售措施，销售部长并没有决策权；甚至对哪些地方不需要促销，他也没有否决权。公司责、权、利、能并没有一体化，使得这位销售部长即便再有能力，在实现业绩目标时也束手无策。

考核不准：工作任务无法量化导致考核结果无法链接薪酬及晋升。

有些企业采取定性的考核指标，可能会造成考核得 81 分和 89 分的员工工资是一样的。而实际上，这 8 分之差付出的努力却不一样。所以很多企业采取的考核方式，不但对绩效改善无济于事，反过来也许因为分配不公平伤了员工的心。我建议采取量化的考核方式，方便企业更科学化、规范化地管理，从而提升员工的工作积极性，提升运营质量。

方法不多：不是设定的目标太大，而是完成任务的方法太少。

某企业参考行业平均增长率，也按照三倍的方式来设定增长目标。但目标设定后，企业管理者并没有召开相关的经营会议，向相关部门传达完成经营目标的方法。年底时，不但经营目标没有达成，甚至还出现了较上年下滑的现象。

当企业设定目标的时候，应该结合企业情况，设定符合实际且可行的目标，并安排专门的时间来探讨目标达成的方法。如果用 120% 的方法来执行 100% 的任务，结果肯定更好，而用 80% 的方法去执行 100% 的任务的话，结果肯定会糟糕。

辅导不够：重考核，轻辅导，以致不能够解决管理上的问题。

企业在做绩效管理时，不仅要重视考核，更要重视改进。以某建筑工程企业为例，该企业对工程完成的进度、质量和成本控制都有严格的定量考核指标，可是后勤部门的考核却没有与完成的进度、质量和成本控制定量挂钩，仅是采取态度方面的考核，包含自评和领导评估两项。比如责任心的考核，员工自评 19 分，而领导的评估分是 10 分，领导也没有与员工沟通是哪里扣了分数及员工该如何改进。这样缺乏绩效面谈和绩效辅导环节的考核方式会让员工感到很沮丧，从而更消极地对待工作。

以上 6 个方面是企业在达成目标过程中通常存在的问题。本书本着“面对事实，解决问题”的理念，把解决企业管理问题的原理、方法和工具有机结合，借助案例讲述，为企业经营管理者提供可供参考的案例。

第一章

用目标改进管理，通过目标实现管理

不是对目标进行管理，而是通过目标实现管理

A公司前几年刚进入汽车行业，推出的第一款经济型轿车，售价5.68万元。由于性价比高，该车深受中等收入家庭的青睐，两年累计销量达5万辆。该车的热销也引起了同行的关注，竞争对手个个摩拳擦掌打算分食经济型轿车这杯羹。公司战略市场部门向决策部门提交的调查报告建议，一年后该车的售价定在5万元之内才具有竞争力。

为了提早应对竞争对手的“围剿”行动，公司决定实施代号“498计划”，即一年后该车销售价格为4.98万元，比现有价格降低7000元。原来一辆车的利润为10%，公司决定售价降低7000元，但希望利润依然维持在10%。换句话说售价降低12.3%，如果成本不变，那么多卖掉一部车，公司就会亏损约1320元。而A公司此举，是想通过“498计划”在确保合理利润的同时，进一步巩固和扩大市场份额。

许多人为这一计划能否实现而担忧，他们认为价格降了这么多，肯定会亏损。在“498计划”启动会上，公司总裁提出了一个等式：目标利润=顾客可以接受的价格—预算成本。既然“顾客可以接受的价格”已经确认，而“目标利润”也是不可更改的，那么唯一可以调整的是“预算成本”。通过周密的计算，“预算成本”在原来成本基础上下降6300元即可。

该公司迅速成立了以常务副总裁为总成本负责人的组织机构，下设研发设计、采购供应、生产制造、销售管理和物流配送等5个分环节控制责任人，并分别为总成本负责人和分环节控制人设立了成本下降目标，纳入月度考核，与绩效工资挂钩。

采购供应环节成本控制责任人是公司供应部邱总监，他认为上游零部件供应商的供货价格就像干毛巾一样拧不出水来了，无法下降。在一次午餐会上，邱总监对公司成本控制考核颇有微词，不小心让总裁听见了。“你是否方便现在拨通供应商的电话，我来和他沟通如何做？”总裁询问道。邱总监十分无奈地拨通了轮毂供应商岳总的电话。

“我是A公司的总裁，由于我们实施全面预算管理，我们向贵公司采购价格的预算已下调了7%，两个月后我们将按照新的价格执行。”总裁语气坚定地说。“当然，我们供应部总监邱总会带领公司工程技师到贵公司进行节能降耗专项辅导。”仔细沟通后，总裁要求邱总监：“请你们深入供应商生产现场，限定在两周内与供应商一起找到成本控制的解决方案。供应商降低成本的幅度要超出我们价格调整的幅度。”于是，邱总监拟订并实施进驻供应商现场优化成本的行动方案，直到实现供应商主动将供货价格调低 7% 才告一段落。

再看看其他成本控制环节。研发设计部技术工程师麦工负责电子线路设计部分的成本降低工作。他的上司要求他在 10 个工作日内带领两名工程师研究成本降低 74 元的方案。麦工率领的研发小组发现电子线路中最贵的是紫铜，如果减少紫铜的用量，那么降低成本的目标就可以实现。功夫不负有心人，他们只花了 7 天就攻克了这个技术难题。制造环节、物流环节和销售环节的成本控制目标达成同样都是采取这种目标管理和绩效考核的方法，从而使总成本的控制目标在 9 个月中大部分得以实现，价格调低后产品销售利润率达到 9.36%

从上述案例中我们不难发现，**原来目标管理不是对“目标”进行管理，而是通过“目标”实现“管理”**。目标管理是以目标为导向、以人为中心、以成果为标准，优化组合，使组织和个人取得最佳绩效的现代管理方法。A 公司实施“498 计划”，总成本在原有基础上降低了 7000 元只是表象，其实A公司真正得到的是使精益生产管理和降低成本的方式在公司得到全面推广。

试想，如果A公司用过去的经营方式能够实现售价降低12.3%，利润却依然保持10%的战略目标吗？当企业宣布一个挑战性目标的时候，有些员工习惯用过去做事情的方式推测目标是否合理，这种思考问题的方式需要迭代更新，因为新的目标要用新的方法来完成。这就是**“目标管理法则”**，可以提炼成一句话：**不是方法决定目标，而是目标决定方法。**

只要目标正式确定下来，“目标管理法则”就会告诉大家：不是目标不能达成，而是方法没有找到。对于个人来说，要围绕目标去寻找行动策略；对于组织来说，不是对目标本身进行管理，而是通过目标实现管理。

没有不可量化的任务，只有不合适的量化方法

某房地产集团为了有效控制工程项目成本，特成立成本管理部，该部门经理直接向集团总经理汇报。成本管理部经理负责组织工程项目相关的预算、决算工作，负责组织编制标底，负责组织征地、拆迁、规划及非招标工程的价格审核。起初，大家都认为成本

管理部是控制别的部门花钱，工作本身并不能量化，只能由总经理自己判断，年底的时候给他一个合适的等级评定就可以了。

此前，成本管理部经理担任集团下属子公司建筑工程的副总经理，开发面积和开发进度都可以量化，工作业绩别人也看得见。而现在，由于没有对他的工作及时提出量化考核指标，其他部门的同事认为他并不重要，于是，成本管理部经理的心里越来越不是滋味。

其实，只要将工作职责厘定清楚，将每一个工作职责对照“产出数量”“时间节点”“投入频率”“质量占比”寻找最合适的维度定义结果，就可以设定目标值了。比如，“拟订工程项目概预算”是他的工作任务之一，“工程项目概预算提交时间需在 3 天之内”就是他的一项绩效指标，这是从“时间节点”的角度量化任务的。又比如，“组织项目土地价值估算”是他的工作任务之一，“土地价值估算准确率 95%”就是他的一项绩效指标，这是从“质量占比”的角度量化任务的。再比如，“监督、指导下属编制合理准确的标底”是他的工作任务之一，“标底编制复核 15 人次”就是他的一项绩效指标，这是从“投入频率”的角度量化任务的。

我们再来看看成本管理部经理其他 4 项工作任务

是怎么量化的。第一，工作任务“审查合同部编制的招投标文件”，量化任务的最佳角度是“产出数量”，因此“审查招标文件45份”就是他该项工作任务的绩效指标。第二，工作任务“参与材料设备采购价格的谈判工作，确定采购价格”，量化任务的最佳角度是“质量占比”，因此采购价格核定完成率100%就是他该项工作任务的绩效指标。第三，工作任务“监督审核项目部提交的施工联系单”，量化任务的最佳角度是“产出数量”，因此“工程项目变更费用控制≦150万元”就是他该项工作任务的绩效指标。第四，工作任务“审核工程款的支付额”，量化任务的最佳角度是“时间节点”，因此“工程款支付额审核的及时性在36小时之内”就是他该项工作任务的绩效指标。

于是，公司将成本管理部经理也纳入月度绩效考核之列，其主要工作都被提炼出关键绩效指标，也设定了合理的目标值，考核结果直接链接绩效工资。考核方案明确后，成本管理部经理感觉到自己平时做了很多不为人知的工作，也让更多的部门了解了他工作的意义，他也更加明确了岗位的定位。

从上述案例我们不难发现，量化工作不再是**“产出数量”**这个单一维度。有些工作任务的意义表现为时限性，从**“时间节点”**上量化结果就比较合适；而有些表现为合理成本，从**“投入频率”**上量化结果就比较合适；还有些表现为完整性和准确性，从**“质量占比”**上量化结果就比较合适。这四个维度基本上“穷尽”了工作任务的量化状态，只要对照每一个维度的量化特征，总能找到一个最佳的量化方法。这就是**“量化结果4维法”。正所谓天下没有什么不可量化的工作任务，只是没有找到最合适的量化方法。**

为了帮助各位更好地掌握“量化结果4维法”，笔者再举企业中的一个重要岗位——财务经理，看看这个岗位的工作任务是如何量化结果的。

一般来说，财务经理有如下工作职责：

职责1：推行全面预算管理，做好预算执行控制和偏差分析。

职责2：撰写财务分析报告，为经营管理者决策提供依据。

职责3：编制财务报表。

职责4：做好账龄分析和对账，根据信用制度规定，敦促销售部门完成销售回款任务。

职责5：做好往来账管理，确保往来资金的安全和准确。

职责6：督导财务人员办理费用报销，发放员工工资。

职责7：不断完善公司财务制度和各种标准作业流程。

职责8：给予下属工作指导，提升岗位胜任能力，培养合格的下属。

接下来我们按照“量化结果4维法”，结合财务经理不同职责的意义，采取不同的量化规则。

针对“职责1”，我们可以从“质量占比”维度提炼绩效指标：预算准确率控制在95%以内。预算执行偏差正负5%都算合格项，合格项与预算项的比率就是预算的准确率。

针对“职责2”，我们可以从“投入频率”维度提炼绩效指标：财务分析报告引用25人次。“引用人次”是指总经理及各部门负责人在月度业绩质询会或工作计划中采用财务分析报告中的数据、统计报表、分析模型、结论或者建议的累计数。

针对“职责3”，我们可以从“时间节点”维度提炼绩效指标：财务报表完成的及时性为次月8日前。“时间节点”要求财务经理在次月8日前组织财务部门完成公司《资产负债表》《损益表》和《现金流量表》的编制工作。

针对“职责4”，我们可以从“产出数量”维度提炼绩效指标：销售回款380万元。其中“销售回款”是指“本月销售回款+应收账款回款”。

针对“职责5”，我们可以从“质量占比”维度提炼绩效指标：资金往来的准确率达100%。“准确率”要求资金往来过程中当事人出现差错的次数控制在0次。

针对“职责6”，我们可以从“时间节点”维度提炼绩效指标：工资发放的及时性为下月10日前。“时间节点”要求财务经理按照公司规定，每月10日前核发上个月工资和绩效奖金，如遇节假日则顺延。顺延时间或特殊情况不能发放工资应提前5日告知员工。

针对“职责7”，我们可以从“质量占比”维度提炼绩效指标：财务制度与流程建设的完成率为90%。制度流程的建立完成率=已书面化并经审核实施的制度和流程数量÷需要书面化的制度和流程数量×100%。

针对“职责8”，我们可以从“质量占比”维度提炼绩效指标：合格员工6人。“合格员工人数”是指经过人力资源部组织的绩效考核及能力测评，综合分数超过90分的下属员工的人数。

按照上述方法，企业可以将所有岗位的职责界定后，量化出每个岗位的工作任务。凡是量化了的工作，都可以改进；凡是没有量化的工作，就有可能出现管理不到位的现象。

飞行模式，实现目标分解与责任落实

生活中的观察和感悟往往对我解决企业管理的问题有很大的帮助。

有一次，我无意间看到了飞机构造。从飞机整个部件构成和功能分布的观察中，我竟然找到了一个问题的答案，那就是如何将一个目标任务分解到不同的责任人，姑且把这种目标分解的方法称之为“飞行模式”。

众所周知，飞机大体上由头部、尾部和两个机翼组成。驾驶员坐在头部的驾驶舱内，根据仪表指示操纵飞行，就好像企业各项工作的“产出”,往往表现为收入、利润、回款、产量等数量化的目标。这些指标的责任人往往是经营者的角色，因为他们是飞机驾驶员，决定企业各项工作的“产出数量”。但是飞机的燃料却被安排在尾部，这就意味着要追求“产出”，一定要“制定策略”。一旦策略形成，“产出”目标的达成需要有“策略实施的及时性”和“策略实施的有效性”双重保障。而“及时性”和“有效性”就像飞机的两个机翼，确保飞机平安到达目的地。

如果我们善于从“产出”“制定策略”“策略实施的及时性”“策略实施的有效性”四个方面量化工作任务，并且每个量化指标都可以落实到不同责任人身上，就可以实现“千斤担子众人挑，人人肩上有指标”的愿望。这就是目标分解与责任落实的“飞行模式”，用这个模式可以解决目标量化和人员分工的问题。

下面我结合一个企业案例进行分析说明，以便大家理解与掌握这个工具。

企业一般都面临“销售回款”这项工作，这项工作到底如何开展才更有效率呢？用“飞行模式”这套管理工具，就很容易分解目标和落实责任人。

第一，先从飞机头部“产出”的角度量化“销售回款金额××万元”，该项绩效指标应该归销售经理承担。那么，如何定义飞机尾部“策略”呢？应该由资深销售代表充任讲师，对业务人员的应收账款催收技巧进行培训，并且提出“学员现场演练通过率×%”作为评价讲师的绩效指标。从“策略实施的及时性”的角度，应该要求财务部与客户对账及时，因此“与客户对账工作的及时性限定×天内”的量化指标就应该落实到财务部的某个岗位上。还有“策略实施的有效性”，主要是业务人员在为客户服务方面要创造新的价值，因此可以设定绩效指标“客户投诉少于×次”作为业务人员的考核指标。

掌握了“飞行模式”这套工具，就可以对财务指标、客户价值、内部运营和员工成长四个层面进行目标分解，经营目标体系的建立也会水到渠成。

首先，用杜邦图构建财务指标体系，设定主营收入目标，向财务部征询各项成本预算，计算出利润率。通过财务部提供的总资产、负债等数据，计算出资产周转率、杠杆系数和净资产周转率等主要财务指标。

接着用“飞行模式”将主营收入、成本预算项目、资产周转率三项指标进行目标分解，体现产出、制定策略、策略实施的及时性和策略实施的有效性四个方面形成的二级指标，并用责任勾选的方式分解到各部门。

第二，梳理业务流程，目的是实现客户价值最大化。确认业务流程主要环节后，用“飞行模式”原理对每个环节的模块进行目标分解，构建“客户价值”层面的经营目标体系。

第三，职能分析是实现客户价值最大化的支持系统建设。根据公司发展规模和行业特点，构建战略、行政法务、人力资源管理、财务管理和IT规划等方面职能体系。在职能模块确认后，每个模块又分解出若干个子模块。此外，用“飞行模式”原理对各个子模块进行目标分解，构建“内部运营”层面的经营目标体系。

另外，职能体系支持能力的发挥，是建立在“流程和制度完善”的基础上的，因此有必要用“飞行模式”原理对它进行目标分解，并将执行目标任务从四个角度落实到不同部门。

最后，员工成长体现在协作能力、胜任能力、创新能力、应用系统的运用能力和整体劳动能力的提高上，用“飞行模式”原理对这5个方面进行目标分解，并且将执行目标任务从四个角度落实到不同部门。

我曾写过一篇文章:《飞行模式：一种目标分解和责任落实的管理工具》。参加第48期《绩效100工程》解决方案班的企业家李劲东先生在微信里说:“我在理解飞行模式的时候，走过一些弯路，主要问题是思考飞行模式同5W1H的分析法及SWOT分析法有何区别。我思考很长时间才理解，如果已经找到解决问题的基本思路后，再采用飞行模式来分配任务，解决时间节点，考核完成，甚至定义任务（很多时候，任务都没有弄清楚就去执行了)，就非常有效！如果基本思路还没有，要先用5W1H或者其他方法找到它，再用飞行模式分解及落实！这是我的理解，请熊老师指正！”

“飞行模式”（如图1-1所示）是我主讲的《绩效100工程》系统解决方案中的解决工具之一，李劲东先生带领

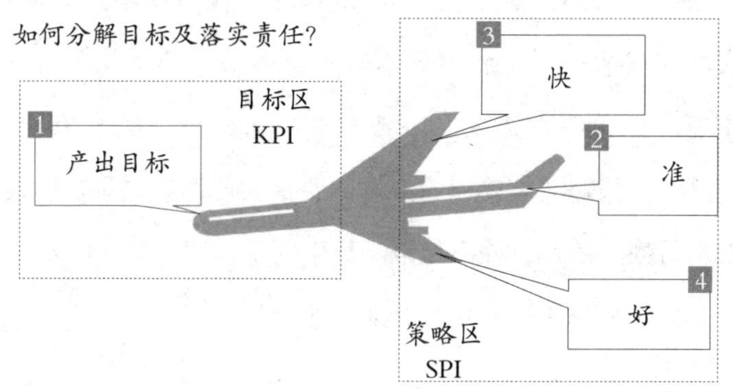

图1-1 熊超群管理工具“飞行模式”

他的管理团队在学以致用方面表现得非常突出，他有一个特点就是“学中做，做中学”，课堂中的疑惑在实践中找到了答案。

我在微信里与他就此心得进行了交流：

我指出：“一项任务的‘产出’，对应策略可能有若干个，‘飞行模式’主张‘攻其一点，不及其余’，这一点就是飞机尾部的‘制定策略’维度。如何使这个投入策略能达到‘产出’目标，即飞机‘头部’仪表舱所设定的目的地呢？必须有‘策略实施的及时性’和‘策略实施的有效性’两个翅膀作为保障。策略实施必须又快又好地执行，飞机一边翅膀代表执行效率，一边翅膀代表策略的完整度、准确度、拥护率或通过率。这是‘飞行模式’工具本身的思想内涵。”

他认为：“您的理解是对的，即有了解决问题的思路，才可以用‘飞行模式’来分解和落实。如果没有思路，则要用找方法的工具来获得它，包括您提到的SWOT分析及资源对接表，还有脑力风暴等等，如果找到了几条策略，则每一条策略都需要‘一架飞机’来分析。至于5W1H，它是一个策略实施要形成方案的要素表述，与‘飞行模式’是平行使用工具，并不是策略产生的工具。”

我还列举了一家福建企业的业务为例。

该企业从事车库自动门遥控钥匙的研发与生产，前几年产品全部出口国外。这几年随着外贸业务量的下滑，公司决定将业务从出口转向内销，建立国内销售渠道就成为当务之急。于是公司成立了招商部，负责开拓国内市场。如果我们设定“经销商招募”的产出目标为“8大总代理商和129个二级代理商”，那么用SWOT分析工具进行策略分析，它的逻辑顺序是这样的：

1. 从WT组合分析中决定“不做什么”，避免内部的劣势weaknesses和外部威胁threats碰到一起。该公司业务人员力量单薄，国内产品销售受制于高档物业房地产开发商整体采购的影响，因此，不适合发展电子产品批发型经销商。

2. 从SO组合分析中确定“大胆开发的业务”，充分发挥自身优势strengths，迎接外部机会opportunities的到来。该公司产品具有的性价比优势，正是国内智能楼宇设备供应商优化部分部件成本的最佳选择。

3. 从OW组合分析中确定“抓住机会，扬长避短”。该公司国内销售缺乏经验，业务经营能力不足，但可以以国内成套设备供应商的存量市场为依托，促进公司产品作为“易损件”的销量增长。

4. 从ST组合分析中发现“谨慎进入”业务，避免外部威胁threats，发挥自身优势strengths，即作为车库门整体解决方案提供商进入市场。

综上所述，该公司销售渠道建立有两个策略：发展系统集成商为加盟商、成为“易损件”维修商的供货商。这两个策略分别用“飞行模式”分解目标及落实责任，并且用5W1H形成执行方案。

“飞行模式”如何有效地在管理中使用？我从大量实践中总结了以下经验：

“飞行模式”是根据目标寻找策略的最有效方法，是对“任务”量化的定向分析工具。它受飞机的4个构造在飞行中发挥作用不同的启发，联想完成任务时首先要定义结果（飞机头部）——任何任务的执行首先要确定终极目标，就像飞行员在飞机头部的仪表舱里设定目的地的数据一样。接下来，要根据“结果”所提出的目标制定策略，准确的“策略”是直接达成结果非常有效的方法，就像飞机尾部一样，有通道直接前往飞机头部。另外，飞机能安全到达目的地，两个翅膀的作用不可小觑，它们是飞机飞行的安全保障。也就是说，一旦找到了策略就应该及时组织实施，而实施的有效性也需要量化，所以策略实施的及时性和有效性就像飞机翅膀一样，确保制定的策略得到全面准确、及时、有效的执行，使得飞机能顺利到达目的地。

“飞行模式”是“复杂的问题简单做”的方法论：抓关键，找重点；攻其一点，不及其余。过去，人们找对策时习惯用鱼骨图盘点，结果由于对策“多”造成难于快速执行。“飞行模式”主张找出关键策略，然后抓住

“及时性”和“有效性”两个重点，快速形成解决方案，提交结果。

“飞行模式”使用的“重点”是“定义结果”，结果要跟公司财务指标挂钩；“飞行模式”使用的“难点”是“制定策略”，通常采用个人脑力风暴和团队脑力风暴来寻找“不一般的方法”，即策略。

“飞行模式”中“定义结果”一般采取“数量量化”，与财务预算挂钩，纳入“KPI关键绩效指标库”；其他三个方向的指标纳入“计划”，制定策略的目标可采用“数量”“时间节点”“占比”和“频次”量化。策略实施的“及时性”采用“时间节点”量化；策略制定的“有效性”采用“占比”量化，包括完整率、合格率、通过率或者精准度。

“飞行模式”的工具可用来分解经营目标体系中财务层面、外部客户价值层面、内部管理改善层面及学习与成长层面的指标，从四个方向分解任务、明确目标、落实责任，从而使经营目标体系的指标层层分解、责任到岗。

用“飞行模式”工具围绕“结果”寻找策略，是企业管理者的必杀技。策略可从体系建立、流程固化、模式探讨、手册指导、经验传承、客户价值创造等多角度思考。

平衡计分卡，设计绩效路径

30 年前，美国哈佛商学院 Robert S. Kaplan（罗伯特·卡普兰）与 David P. Norton（大卫·诺顿）创建了著名的战略执行工具——平衡计分卡。到目前为止，《财富》杂志公布的世界前 1000 家公司中，40% 的公司采用了平衡计分卡，88% 的公司提出平衡计分卡对于员工绩效方案的设计和实施是有帮助的。中国很多企业没有用好，觉得它不实用。但是如果我们真正理解了两位理论创始人对企业经营的本质把握，就会真正懂得平衡计分卡的思想处处影响企业经营管理实践。

之所以叫“平衡计分卡”，主要是这种方法通过财务与非财务考核手段之间的相互补充，不仅使绩效考核的地位上升到组织战略层面，使之成为组织战略的实施工具，同时也在定量评价和定性评价之间、客观评价和主观评价之间、组织的短期增长与长期增长之间、组织的各个利益相关者之间寻求“平衡”的基础上完成绩效管理与战略实施过程。

第一个层面是财务构面。财务性指标是一般企业常用于绩效评估的传统指标。

财务性指标可显示出企业的战略及其实施和执行是否正在为最终经营结果的改善做出贡献。但是，不是所有的长期策略都能很快产生短期的财务盈利。非财务性绩效指标（如质量、生产时间、生产率和新产品等）的改善和提高是实现目的的手段，而不是目的本身。

财务层面指标衡量的主要内容包括收入增长、收入结构、降低成本、提高生产率、资产利用和投资战略等。

第二个层面是客户构面。平衡计分卡要求企业将使命和策略诠释为具体的与客户相关的目标和要点。企业应以目标顾客和目标市场为方向：企业应当关注是否满足核心顾客需求，而不是企图满足所有客户的偏好。客户最关心的主要为五个方面：时间、质量、性能、服务和成本。企业必须为这五个方面确立清晰的目标，然后将这些目标细化为具体的指标。

客户面指标衡量的主要内容包括市场份额、老客户挽留率、新客户获得率、顾客满意度及从客户处获得的利润率。

第三个层面是内部运营效率构面。建立平衡计分卡的顺序，通常是先设定财务和客户方面的目标与指标，后设定企业内部流程面的目标与指标，这个顺序使企业能够抓住重点，专注于衡量那些与股东和客户目标息息相关的流程。

内部运营绩效考核应以实现客户满意度和优化对财务目标影响最大的业务流程为核心。内部运营指标既包括短期的现有业务的改善，又涉及长远的产品和服务的革新。内部运营面指标涉及企业的三个方面，即改良/创新过程、经营过程和售后服务过程。

第四个层面是学习与成长构面。学习与成长的目标为其他三个方面的宏大目标提供了基础架构，是驱使上述三个层面获得卓越成果的动力。

面对激烈的全球竞争，企业今天的技术和能力已无法确保其实现未来的业务目标。削减对企业学习和成长能力的投资虽然能在短期内增加财务收入，但由此造成的不利影响将在未来给企业带来沉重打击。

学习和成长面指标涉及协同能力、胜任能力和创新能力。

如果你觉得还不能完全理解以上对“平衡计分卡”的描述，那么我们换一种说法，用中国两个成语就可以形象生动地描绘它——“顶天立地”“左右逢源”。

完成财务指标是企业的“天”职，员工成长是企业的立“地”之本，因为，所有的事情都是人干出来的。这就是“顶天立地”之意。

什么叫作“左右逢源”呢？员工的成长带来客户的满意，增加客户的回头购买率和每一笔交易的金额，通过转介绍增加新客户的数量，从增加销售收入方面影响财务指标的达成。员工的成长还带来作业周期的缩短、管理效率的提高，从降低成本和提高资产周转率方面影响财务指标的达成。一方面，内部运营效率的提高本身会带来客户的满意；另一方面，客户不满意也可以敦促企业通过倒逼机制改善流程、提升效率。

为了能够把“平衡计分卡”当作员工达成目标的实施工具，我们把它“竖”起来，变成所有企业员工都可以使用的“绩效路径图”（如图 1-2 所示）。

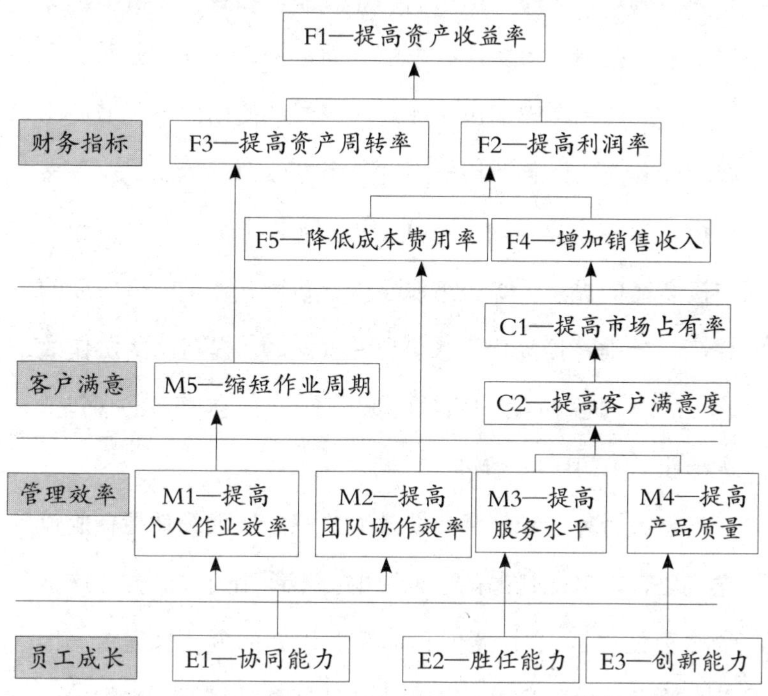

图 1-2　绩效路径图

我们知道，衡量企业经营水平的一项重要指标是提高资产收益率（F1）。资产收益率=利润率（F2）×资产周转率（F3）。利润则通过提高销售收入（F4）和降低成本（F5）实现。接下来，我们把完成财务构面的5个指标通过客户构面（C）、内部运营构面（M）和员工学习成长构面（E）的关系建立起来，从而立体化呈现员工完成绩效的路径。

一方面，增加销售收入（F4）就意味着提高市场占有率（C1），这些都要以提高客户满意度（C2）为前提。只有客户满意，才能带来回头率、转介绍和客单价增加，这三个方面是提高市场占有率的全面途径。另外一方面，提高资产周转率（F3）包含提高固定资产使用效率、增加库存周转和应收账款的周转，这三个方面都得依靠企业各岗位员工缩短作业周期（M5）。作业周期的缩短（M5）和客户满意度的提高（C2）来源于内部运营效率的4个方面的提高：分别是提高个人作业效率（M1）、提高团队协作效率（M2）、提高为客户服务的水平（M3）、提高产品（包括无形产品）的质量（M4）。

财务、客户和内部运营效率这三个层面绩效指标的设立都是针对完成任务的“人”的。不能用过去的方法来推测今天的“目标”，新的目标需要用新的方法来完成。因此，“学习与成长”永远是企业持续经营的基石。组织行为学告诉我们，企业组织需要关注的一方面是群体和个体的对立统一，另一方面是组织的活力。德鲁克说，企业有两项功能：创新和营销。因此，企业的成长实际上是来源于员工的三个方面：协同能力（E1）、胜任能力（E2）和创新能力（E3），这就是“绩效路径图”，你可以从中找到完成任务的策略，又可以逐层分解任务指标。

我们首先通过一家企业行政后勤部门的案例，来了解“绩效路径图”是如何解决管理中存在的问题的。

两年前，老周是一家生产和销售测量仪器的高科技企业的总务，主管公司食堂，负责公司五百多人就餐。由于食堂管理不善，职工们大部分都去园区商业街餐饮店用餐了，公司食堂就餐人数大幅减少，人工和采购成本直线上升，考虑食堂固定资产折旧，公司每年往食堂的投入补贴就高达70余万元。

管理层要求用一年时间止损，对责任人老周实施绩效管理，考核结果对应每月绩效工资和年底绩效奖金。老周对食堂管理做了系列改革并在经营上大胆创新，终于向公司交出了一份满意的答卷。为了能减亏止损，老周从就餐人员稳定性出发，增加餐票收入（F4），同时通过批量采购来降低食材的成本（F5）。老周的想法是收入（F4）提高了、成本（F5）降低了，那么利润（F2）就提高了。

那么，老周是通过什么样的路径找到食堂“扭亏为盈”的策略的呢？既然员工抱怨食堂饭菜不好吃，能不能由员工来决定厨师做什么饭呢？为此，老周设计了一份调查问卷（E3），向员工征询第二天的菜谱。没想到这招得到了员工普遍的响应，新菜品层出不穷，几乎每天都有不同的口味和花样的菜品。

食堂共有7名成员，一人负责采购和卫生，其余6人，老周将其编为两个小组，每个小组各自负责切菜、配菜和烧菜。为了提高两个小组的服务水平（M3）和菜品质量（M4），老周设A、B两个就餐窗口，以每天窗口收入界定小组的工作绩效。这样，这两个小组不知不觉间展开了竞争。

由于两个小组你追我赶的技能PK活动（E2）使工作效率大大提高，老周发现即使每组抽调1人也不影响食堂开饭，就从每组抽调1人。老周让食堂工作人员从穿着标准工作服开始，每件事情都设计了标准的工作流程（E1），就连员工用餐时从哪个口进、哪个口出、哪儿领餐具、哪儿洗餐具都设定了统一路线，各种标识都很清晰。

由于员工就餐秩序改善，原来一个半小时接待就餐人员的时间跨度缩小到45分钟。老周将生产一线和行政人员分两班开饭（M1），形成错峰用餐局面，开饭效率（M5）提高了一倍。食堂面积用不了那么多，腾出一半面积干什么呢？

老周把抽调出来的两个人（F3）组织起来，让他们把省下来的一半面积装修成雅座，对外经营，用经营收入弥补食堂的暂时亏损。一连串有效的行动终于提高了员工满意度（C2），从外面回来就餐的人员越来越多（C1），食堂餐票收入（F4）也越来越稳定了。

由于采购量增加，批量采购使每一份饭菜的成本（F5）下降，员工数量减少，食堂面积减少，综合成本越来越低。而饭菜可口，价格比外面越来越有优势。食堂就餐人气越来越好，对外经营效益也凸显出来。员工食堂就餐人员占比一度超过 97%。年末结算的时候，食堂盈余 3 万多元，公司将这笔钱用来购买健身设备，改善员工的业余生活。

老周的止损计划就是这样达成的。

我们再通过一家企业管理岗位“绩效路径图”（如图 1–3 所示）使用案例，了解这一工具在实践中取得的成效。

案例企业简况

名称：YT 通信服务公司佛山分公司

行业：通信工程服务行业

业务：为中国移动、中国电信、中国联通等电信运营商提供线路维护、户外基站安装等服务

第一，我们看看财务指标设计的原理。

“绩效路径图”采用杜邦图中部分财务比例，因为它

是个人的目标体系，不宜考虑“投融资能力”的财务指标，因此，最高级财务指标取“F1—总资产回报率”，它是“F2—销售利润率”和“F3—资产周转率”两项的乘积。而“F2—销售利润率”实现的策略主要来源于“F4—增加销售收入”和“F5—降低成本”。

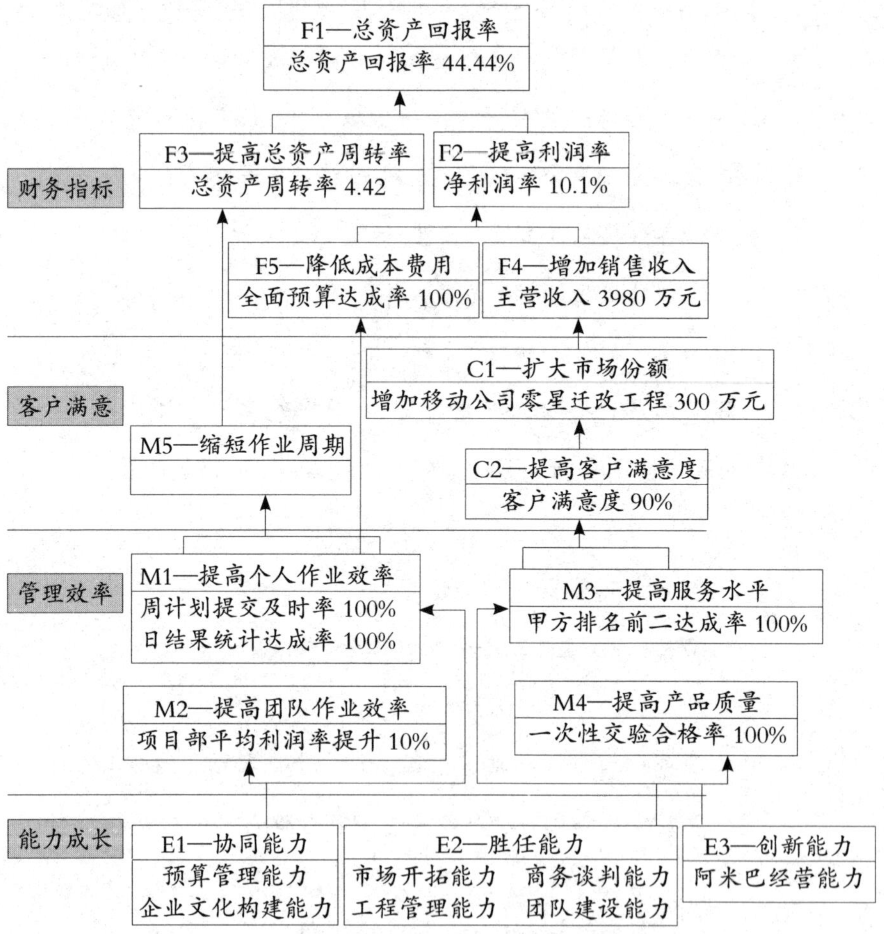

图 1–3　佛山分公司总经理绩效路径图

这里的“F1—总资产回报率”也可以通过下列公式计算出来，总资产回报率=净利润 ÷ 资产总额 ×100%，例如，YT通信服务公司佛山分公司2014年净利润目标为400万元，资产总额为900万元，则该分公司总经理“绩效F1—总资产回报率的目标=400万元 ÷ 900万元 ×100%=44. 44%。

F2—利润率是指：净利润率=净利润 ÷ 销售收入 ×100%。例如，YT通信服务公司佛山分公司净利润目标为400万元，F3—销售收入目标为3980万元，则F2—净利润率=400万元 ÷ 3980万元 ×100%=10. 1%。

F3—总资产周转率是指：总资产周转率=销售收入 ÷ 资产总额。那么F3—总资产周转率=3980万元 ÷ 900万元=4. 42。

第二，我们再来看看客户满意层面的目标设定。

在一个企业里只有两种人，一种是直接为客户提供服务的人（A），另一种人（B）是为客户提供服务的人提供服务。

如果你是在一家为电信运营商提供代理网络维护的服务企业里，定位主要是与甲方打交道，那你的“客户满意”就是让运营商满意。你就是角色A，“C1—扩大市场份额”是指由于你为外部客户创造价值：（1）赢取了后续业务；（2）增加了新业务；（3）客户为原业务增加了新的预算。

比如，YT佛山分公司总经理“绩效路径图”中“C1—扩大市场份额”的“增加移动公司零星迁改工程300万元”

就属于“赢取了后续业务”。

“F4—销售收入”的增加是来源于“C1—市场份额的扩大”，而市场份额的扩大主要是“C2—客户满意”所带来的。这里的客户满意是指客户对于你在交付中的质量、进度、安全、响应速度和服务的整体满意状况。

比如，佛山分公司总经理“绩效路径图”中“C1—客户满意”的目标可以用问卷调查调查每一宗业务的甲方满意度。目标设定为“客户满意度90%”。如果公司经营管理部用满分100分的问卷调查甲方，80分以上为满意，那么获得80分以上的回收有效问卷件数超过90%就说明分公司的交付工作得到了甲方的认可。

但是，如果你的岗位定位主要是与内部部门打交道，那你的“客户满意”就是让内部人员满意，你就是角色B。“C1—扩大市场份额”是指由于你为内部客户创造价值：你的岗位工作成果被内部客户采纳的频率，或者你的工作成果对其他人工作影响的程度。

比如，人力资源部副总经理“绩效路径图”中“C1—扩大市场份额”包含了4项指标：人力分析报告被采纳的人次为8人；收集行业竞争对手薪酬方案5份；新建招聘渠道3个；资格认证达到39个。

对于角色B来说，“C2—客户满意”的测评方法是用二级问卷的方式调查、分析和统计。

比如，人力资源部副总经理“绩效路径图”中“C2—

客户满意”里设计了一项指标：人力资源工作员工满意度90%。如果用满分100分的问卷调查员工，80分以上为满意，那么获得80分以上的人数要超过90%就说明他的工作得到了大部分人的认可。

第三，我们来设定“管理效率”方面的目标。

管理分为自我管理、团队管理和业务管理。“M1—提高个人作业效率”和“M2—提高团队作业效率”的合力就会产生“M5—缩短作业周期”，进一步影响财务指标“F3—提高总资产周转率”。同时，“M2—提高团队作业效率”也会带来“F5—降低成本费用”。

业务管理的目的是为了“C2—提高客户满意度”，主要是通过“M3—提高服务水平”和“M4—提高产品质量”来实现的。这两种管理要素前者注重形式，后者注重内容，是不一样的经营要素。

例如，佛山分公司总经理“绩效路径图”中“M1—提高个人作业效率”的目标可以用两个目标来体现：周计划提交及时性100%、日结果统计达成率100%。

“M2—提高团队作业效率”的目标确定为“项目部平均利润率提升10%”。“M3—提高服务水平”的目标确定为“甲方排名前二达成率100%”。“M4—提高产品质量”的目标确定为“一次性交验合格率100%”。

第四，如何分析“能力成长”的内容。

管理大师彼得·德鲁克在《有效的管理者》一书中，

对企业人员的工作及任务的来源有一段精彩的论述：**“组织里的人不是因为有了工作，才有目标；恰恰相反，是因为有了目标，才有工作！”**因此，针对每一个岗位而言，不是能力决定目标，而是目标确定能力。“绩效路径图”显示两种相反方向的规则：即目标分解自上而下，策略寻找自下而上。“平衡计分卡”揭示这样的规律：财务、客户和管理三层面的目标达成均来自企业组织的“学习与成长”方面，对于岗位来说，即员工“能力成长”。

从组织行为学上来判断，员工能力的成长要围绕“组织中的群体行为”“组织中的个体行为”和“组织中的活力”三方面展开，因此员工能力对应分别规划为“协同能力”“胜任能力”和“创新能力”。协同能力是指与其同部门或岗位共同执行任务时所具备的能力，以界定组织成员中的群体行为。胜任能力是指履行岗位职责、完成本职工作所需要具备的能力，以界定组织成员中的个体行为。创新能力是指在工作中主动寻找新的方法去完成任务的能力，以界定组织活力的来源。每个岗位创新一小步，整个组织就会前进一大步。

如果我们针对YT佛山分公司总经理绩效路径图中每一个目标所需要的能力逐一盘点，并且将盘点出来的能力按照“协同能力”“胜任能力”和“创新能力”分类，那么“协同能力”主要有两项能力要求，分别是预算管理能力和企业文化构建能力。“胜任能力”主要有市场开拓能力、商务谈判能力、工程管理能力和团队建设能力。“创新能力”主要是阿米巴经营能力。阿米巴经营方式本来是日本京瓷用于制造业的一种将经营划分为最小单元的核算方式，YT公司却把它运用于工程管理。对于各地分公司总经理来说，都需要这种经营管理上的创新能力。

至此，一张完整的岗位“绩效路径图”就成功设计出来了。虽然过程有些复杂，但最后的结果却很简单，一张图，一目了然地把岗位目标和能力要求呈现出来。

绩效文化，“三公”“三正”

“昨天开会，又有伙伴提出要修改企业文化，放宽政策。他们要求公司制度里去掉‘不允许内部谈恋爱’和‘不允许亲属加入公司’这两条规定。公司成立6年来，这已是第三次在正式会议中有人提出此要求。支持理由是：公司已不是创业初期那几十个人了，单身越来越多，亲属中也有很多人才！反对理由是：之前因为这两点已经开除了很多人，现在再改变制度，对之前被开除的人不公平，而且有违当初建立没有血缘的非家族式企业的初衷。

“我现在回想当初设立这两条规定的初衷：内部

谈恋爱，亲属、夫妻在公司，怕公私不分影响和睦！另外就是怕成为血缘性的家族企业，无法避免任人唯亲和帮派体系，优秀人才进不来，不能成为公众企业和大家的平台。朋友圈的5000智囊团，请帮我出出主意。”这是一位企业家发出的求救。

看到这段充斥着矛盾和迷茫的话，我尝试回复如下：亲属进入公司怕妨碍其他人才的发挥、允许员工谈恋爱但怕家庭矛盾把情绪带入工作中，这只是看到企业中亲情文化消极的一面。只要积极引导，在许多企业里，亲情也能转化为生产力。如何正面地应对上述两种情况呢？我认为这家企业应该把“公开、公平、公正”和“正直、正气、正义”价值主张纳入企业文化系统。对有知情权的人，把所有信息向他们公开，使员工执行任务或者配合工作时信息对称，无论是老板的小姨子、二叔，还是无亲无故的普通员工都在知情权上享受“特权”。所谓的“公正”就是要有一套合理的评价体系，所有人都要“公正”地使用评价体系。亲属在公司里，家里内外的事情要黑白分明，这是一种“正气”。为什么不允许员工谈恋爱、老板亲属进公司？这本身就不“正义”！我想，每个员工只要站在“正直”的角度看待这件事，它就不是个问题！

其实，**企业经营最高的境界就是打造企业文化**。企业文化是企业主流理念和主流行为方式的总和。所谓的主流是指由企业的主导人群所倡导，为企业大多数员工所拥护。企业所倡导的文化必须具有公认的“正统或官方”地位，能产生强大的影响力。所谓的理念是指对客观事物及对行为结果的意义、作用、效果和重要性的总体评价。正确的理念能推动并指引人们采取正确的决定和行动的原则、标准。所谓的行为方式是指落实理念所需的态度和行为。态度是关于客观事物、人和事件的评价性描述——要么喜欢，要么不喜欢；行为是指个体或群体在特定环境下，为实现特定目标，以特殊方式表现出来的行动和反应的总和。

彼得·德鲁克说，**管理的基础是文化**。如果说人力和资本是经营企业所必需的两种有形的力，那么在人力、物力相同或相近的情况下，在相同或相似的经营环境中，企业的经营业绩为什么会出现很大的差异呢？这就提示我们：除了人力和物力外，还有其他的力量在背后起作用。这种无形的力量就是企业文化，因此，也可以这么说，企业文化是经营企业的第三种力。

只有建立积极正面的企业文化，才能突破亲情的藩篱。在一个企业组织中，无论是谁，只有秉持对事“公开、公平、公正”、做人“正直、正气、正义”的价值观，企业中的人际关系才能处理得好。我们把这种企业价值观统称为“三公”“三正”，而“三公”“三正”的企业文化主张不能只停留在员工思想中，而是要转化成员工的自动自发行为。

首先，企业要把“三公”“三正”正确的理解告知员工，并印刷在企业文化手册中。

公开，是指主动将资讯告知具有知情权的人，以便他们执行任务或者配合工作时占有足够多的信息；公平，是用同一个尺度衡量所有的人或所有的事，强调一视同仁，用以防止对不同的人、不同的事采取不同标准的情形；公正，就是指“给每个人他（她）所应得”，公正带有明显的“价值取向”，它所侧重的是社会的“基本价值取向”，并且强调这种价值取向的正当性。凡是公正的事情必定是公平的事情，但是公平的事情未必公正，而公开是公正和公平的前提。

正直就是要不畏强势，敢作敢为，要能够坚持正道，要勇于承认错误。正直意味着有勇气坚持自己的信念。这一点包括有能力去坚持你认为正确的东西，在需要的时候义无反顾，并能公开反对你坚信是错误的东西。正气，是指光明正大的风气、刚正不阿的气节。正义是对政治、法律、道德等领域中的是非善恶做出的肯定判断。作为道德范畴，与“公正”同义，主要指符合一定社会道德规范的行为，看每个人是否得到了应有的权利、履行了应尽的义务。因此，柏拉图认为:“各尽其职就是正义。”正气是人的外在的表现，正义是骨子里的东西，正直则是别人对你的评价。

这里，笔者不得不提个醒，有些员工可能会用他们理解的“三公”“三正”来维护自己不正当的利益。比如，员工以公开为名，要求公司公开领导薪资。我们要知道，公开是对有知情权的人公开，不是任何时候对任何对象都绝对完全的公开。领导声称工作信息和要求已对下级公开，要求下级提供结果。殊不知上级对下级还负有监督和辅导的责任，不能以此为理由忽视甚至推脱。

又如，有些企业的司机以正直敢言自居，接待客户时透露同事私人作风不好的信息。其实，公是公、私是私，对别人的私事妄加评论已有造谣讹传之嫌，绝非正直之举。

再如，A员工约B员工一起越级投诉二人的直属上级，B不愿意，A指责B为人不正气。这时大家就应该弄清楚，只要没有违反规章制度，每个人都有选择的自由，跟是否正气没有必然联系。

因此，企业文化手册要尽量多地列举员工对“三公”“三正”日常曲解、误解的案例，这样就不会让个别“心怀鬼胎”的人钻了空子。

其次，制定“三公”“三正”为人处世的准则。

“三公”具体做法是：对有知情权者公开信息，界定公开信息的执行岗位，信息公开的内容、对象、形式、周期和监督部门；公平对待管理中的问题，指出在“收入分配”“考勤”“考核”“评优”上做到公平的步骤、要点，最好每一条都要有发生在员工身上的真实案例；公正对待管理中的问题，指出在“业务归属”“工作任务的安排”“上级对待下级”“知人善用”“同一件事对于不同人的不同奖惩”等方面做到公正的步骤、要点。当然，每一方面都能搜集真实案例就更有说服力了。

另外，在企业文化手册里，还应该以案例的方式告诉员工如何表现“正直、正气、正义”。企业应从 7 个方面落实“三正”的做人原则：在“对有知情权者公开信息”上表现“正气”的方法；在“公平制定规则”时表现“正直”的方法；在“公正判断是非”上表现“正义”的方法；在“在其位不滥用其权”上表现“正直”的方法；在“廉洁奉公”上表现“正义”的方法；在“恪尽职守”上表现“正气”的方法；在“敬畏制度”上表现“正气”的方法。

第三，建立“三公”“三正”的监督机制。

自由最大的代价是自律。一个企业组织的成员要真正做到“三公”“三正”，就在于不同成员的“心”拴在同一条绳子上，这就很有必要建立自我承诺和接受别人监督的机制。自我承诺的内容包括个人收入阳光、工作作风务实、业务发包公开、干部任用公正、经营管理信息真实、资产管理到位，以及带头遵守规章制度等方面。每个人的承诺书必须公开张贴，接受群众监督。公司设立举报机制，对违反承诺的行为要及时查处。

为了能够将“三公”“三正”的自律承诺变成长效机制，

企业每月发放自检表，由本人自查，从上司、同僚和部属的三个维度对每个组织成员的“三公”“三正”进行民主评议，并将评议结果纳入绩效管理，考核结果链接员工薪酬和晋升。这样，员工的行为和自身利益就挂起钩来。

企业唯有打造“三公”“三正”的企业文化，才能在组织里肃清“打虎亲兄弟，上阵父子兵”的亲情文化带来的负面效应。禁止亲友进公司、不准夫妻共同办公的做法是“堵”，而倡导“公开、公平、公正”“正气、正直、正义”，突破亲情文化的藩篱是“疏”。无数事实反复证明“疏”比“堵”要好。

案例 “三公”“三正”文化落地操作指南

如何正确地领悟“三公”“三正”的含义

“三公”与“三正”之间的辩证关系

“三公”与“三正”既有所区别，又互相补充。

（1）提出“三公”与“三正”的主体与其要求的对象不同。

“三公”是员工提出的对上级、公司、社会的要求；

“三正”是上级、公司、社会提出的对员工的要求。

（2）适用对象不同。

“三公”强调组织执行，组织在制定规则、公布结果时要做到公开、公平、公正；

“三正”强调个人素质，个人对自己、对所在团体、对社会要做到正直、正气、正义。

“三公”的辩证关系

公开是信息、过程和结果透明；公平是一个不偏不倚地制定标准、规则和运用标准规则的过程；公正则是公开与公平的结果，主要受众的结果感知。

一方面，公平是“三公”的核心，只有评判的标准、规则的制定和标准、规则的执行是公平的，得到结果才可能是公正的，才能坦坦荡荡地做到信息公开，无所畏惧。

另一方面，公开是公平的前提，只有公开信息才能有效地监督是否公平，以保证公正的结果。

“三正”的辩证关系

正直、正气、正义，其意义存在着递进关系。

正直强调个体本身，是做人最基本的要求；

正气是企业、团队对个人的要求，强调个人在团队中产生的影响；

正义是整个社会舆论对个人的要求，员工也是社会的一员，除了要达到自身、团队和企业的要求，还要承担一定的社会责任，履行自己的社会义务。

正气是“三正”的核心,个人正直是带给团队正气和社会正义的基础，正义则是正直和正气的进一步要求（如图1–4所示）。

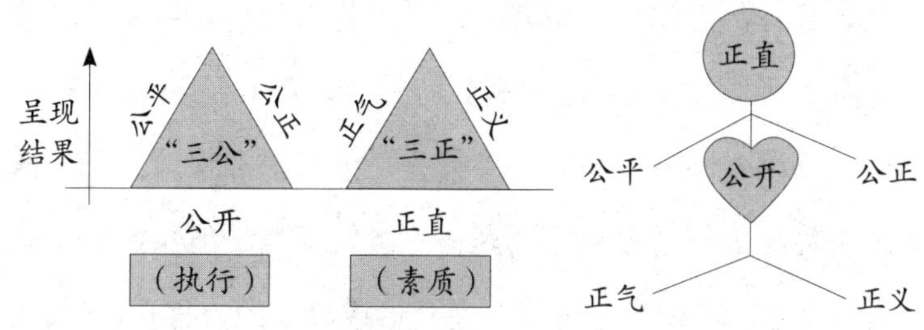

图 1–4 "三公""三正"的辨证关系

左上图：公开是前提，是公平与公正能否实现的基础，公平与公正是公开之后想要达到的效果。

正直是基础，对个人素质的要求，正气和正义是对正直更高的期望，同时正气和正义也是检验个人是否正直的渠道。

右上图：正直是大脑，正气和正义是左脚和右脚，左脚和右脚一样重要。大脑控制着左脚和右脚，正直制约着正气和正义，只有以正直为前提，才能保证正气和正义的实现。

公开是心，公平和公正是左手和右手，左右手同样重要。心控制着左右手，只有保证心中是公开的，才能控制左右手的公平和公正。

（行动）领导要抓，员工要动

领导如何在决策与政策层面做到公平

1. 决策与政策的关系

公司一切经营管理活动，都属于管人和理事。公司政策是对公司全体员工而言的，属于管人的范畴；领导决策是对公司经营管理各方面事务而言的，属于理事的范畴。

公司政策公平是领导决策公平的前提和保障，公司政策的关键价值是为领导做到公平决策保驾护航；而公司政策的公平，则取决于公司制定及形成政策的流程是否公平。因此，领导要做到决策与政策公平，必须以规范的流程保障公平。

2. 领导决策事项及其对应政策内容（如表 1–1 所示）

表 1–1　领导决策与对应政策的内容

序号	决策内容（管事）	政策内容（理人）
1	公司变革决策	变革管理机制
2	公司战略决策	战略决策机制
		市场研究策略
3	经营管理决策	责任承包制
		经营管理制度
		经营核算制度
4	项目管理决策	工程管理制度
		维护管理制度
5	投资决策	资产管理制度
		应收账款管理制度
		款项的申请拨付审批
6	融资决策	账户、现金管理
		资金占用成本核算制度与管理

（续表）

序号	决策内容（管事）	政策内容（理人）
7	新市场开拓决策	投标管理实施办法
		接管人员待遇规定政策
		新市场开拓操作指南
8	事故应对决策	质量安全管理制度
9	危机处理决策	危机公关机制
		信息通报制度
		问题反馈机制
10	业绩评定与奖惩决策	员工任职管理规定
		员工调动管理制度
		“沾亲带故”回避制度
		员工投诉管理办法

3. 政策形成的四步流程

第 1 步：明确目的。

针对现状，做好充分的调查研究，了解事实，界定存在的问题，以明确政策制定的目的，并据此提出初步的设想。

第 2 步：征求意见。

就存在的问题，以及制定政策的目的，广泛征询相关员工的建议与意见，汇总、梳理、分析出员工的态度和想法，并最终提出可行性备选方案。

第 3 步：形成机制。

备选方案的定案及颁发，须遵循以下相关原则：

原则 1：少数服从多数原则，即以政策所面向的全体员工的 2/3 及以上人员投票通过。

原则 2：权限划分原则，即由对政策形成负有决策定案权限的员工（个别或群体）审批通过。

第 4 步：试行完善。

执行最终定案的政策机制，并在试行过程中适时记录、修缮政策，使其逐渐完善。

4. 对“决策事项”执行的要求

按照公司“公开”原则的要求执行，概要如下：

（1）决策后的规则向有知情权的人公开；

（2）执行决策的结果向有知情权的人公开。

全体员工如何做到正气（正直之心、刚直之气）

1. 全体员工正气行为规范

例，润建人的正气行为规范简化为以下十条，即润建“十不准”：

不准弄虚作假，违规舞弊；

不准擅离职守，渎职失责；

不准有令不行、有禁不止；

不准设小金库，搞账外账；

不准违规采购，收受回扣；

不准私接业务，牟取私利；

不准任人唯亲，权钱交易；

不准散布谣言，损害公司形象；

不准泄漏企业秘密，损害公司利益；

不准涉黄赌毒，违法乱纪。

“三要”：

（1）对自己要严格：遵纪守法，诚实守信，有错必改，不断学习，养成良好的行为习惯，提升个人工作能力。

（2）对集体要负责：理解包容，团结友爱，积极参与集体活动，以集体利益为重，用主人翁的心态为公司发展出谋划策。

（3）对社会要有益：热心公益活动，自己要在力所能及的情况下做好事，别人做坏事要勇于揭穿、敢于斗争。

2. 管理干部塑造自身正气树榜样

（1）廉洁自律

①个人宣读《廉洁自律承诺书》，签字并张贴公布。

公司相关部门召开专门正式会议，组织各部门一把手宣读《承诺书》，签字后张贴于个人办公室和部门办公室、会议室、食堂和休息室等各常用公共区域。

附:《廉洁自律承诺书》原文。

公司负责人廉洁自律承诺书

为了公司的可持续发展，为了“让每一个员工都过上好日子”，我们要防止“堡垒从内部攻破”，我要廉洁自律、奋发图强。在此，我郑重承诺：

一、个人收入阳光。以身作则、严于律己，做员工的楷模。个人在公司的收入只来自于薪酬分享，绝不以任何不正当方式获得收入或占有公司资产，绝不利用职权私接业务从中谋利。

二、工作作风务实。不摆排场，不图虚名，不铺张浪费，不脱离现场，坚持与员工“三同”。

三、项目队管理公开。严格遵守项目队管理规范，视项目队为合作伙伴。回避使用亲属。项目队派单、考核、结算等信息公开。保证项目队管理公开、公平、公正。

四、干部任用公正。干部任用公开选聘，能者上，平者让，庸者下，绝不任人唯亲，拉帮结派。

五、经营管理信息真实。严格遵守公司经营核算规则，收入、成本、利润等数据实事求是，绝不虚报瞒报。

六、财务资产管理到位。严格遵守财务资产管理制度，绝不出现因管理失职而造成公司财务资产损失。

七、带头遵守规章制度。做员工的楷模，自己带头遵守并坚决执行公司各项规章制度，同时监督员工遵守执行。

我将坚决履行以上承诺，并自愿接受公司和员工的监督。

承诺人：

②严格遵守《承诺书》七项规定。

（2）杜绝六项违纪违规行为

①弄虚作假。

弄虚作假，是指在履行职能过程中，为了满足个人的私欲及部门或小团体的利益，或为了推卸责任，置员工利益、公司利益于不顾，做出与事实不符的虚假信息、行为等。具体表现为以下几点。

表里不一。说话办事心口不一、言行不一，台上一套、台下一套，当面一套、背后一套，做事“不怕群众有意见，就怕领导没看见”，挖空心思，应付上级。

浑水摸鱼。或虚假发票冲账，或虚列开支套取公司资金，或虚报项目骗取公司资金，或夸大实情、虚报损失程度骗取公司钱财。一旦这些“巧取”之资到手之后，或直接占有，或私设“小金库”私分滥发。

无中生有。平时不做实际工作，一旦公司来检查验收或视察，便制造假现场，虚以应付，上骗组织、下欺员工。

虚报瞒报。为了达到不可告人的目的，在向公司汇报工作时虚报业绩。把设想吹嘘成行动，把开始讲成结果，把芝麻讲成西瓜。而对关键要害问题却总是躲躲闪闪，遮遮掩掩，闪烁其词，甚至想方设法封锁消息、控制言论。

②以权谋私。

以权谋私，是指用自己拥有的权力来谋取不正当的个人利益。具体表现为以下几点：

任人唯亲。利用职务之便，违规提拔任用不称职的关系户担任工作，甚至为安排关系户进入公司而设置不合理的岗位。

中饱私囊。利用职务之便，私自非法占有公司和员工工作成果、荣誉贡献等，骗取公司钱财。

经营小圈子。刻意经营小圈子关系，以便拉长腐败链条，便于谋取私利。

铺张浪费。超标准建设或装修办公用房、购置公务用车等办公设备，超标准报销业务招待费等等。

③侵吞资产。

侵吞资产，是指私自占有公司的财产，隐瞒资产缺失，或未经授权使用资产。具体表现为以下几点：

挪公为私。通过伪造凭证或编制错误记录等非法手段，将公司财产挪为私用。

盗窃骗取。窃取、骗取公司货币资金、实物资产或无形资产。

④贪污受贿。

贪污受贿，即利用职务上的便利，挪用、骗取公司公款，违纪收受礼金、红包、回扣、购物卡等各种好处，违纪利用公费变相吃请。

⑤不作为、不当责。

不作为、不当责，是指不履行或不认真履行应尽的职责，是非面前不表态，矛盾面前不敢上，风险面前不敢闯，失误面前不当责，歪风面前不敢斗的行为。

“不作为”具体表现在以下几点：

慢作为，推诿拖延、效率低下。接受上级布置的工作任务不爽快，拈轻怕重，挑肥拣瘦，借口推脱，不催不干，不注重结果；对顾客、一线提出的需求和困难，以不属本部门、本岗位的职责或以下班为由，不去设法满足他们的需求，解决他们的困难，甚至连问题也不向有关部门和领导反馈；与他人和别的部门合作，态度消极，一等二靠三推诿，不当头，不出头，拈轻怕重；领导安排工作时，总是责怪他人不组织、不配合。

庸作为，把关不严、监管不力。对下级的工作只管布置，不管检查，不做评估或对结果只听汇报，甚至不管不问或虽然有检查，也是应付差事，发现问题也不催促整改，甚至对下级的工作连布置、检查都没有，却签字认同；明知工作不能按时完成，或没达到质量标准，也不加班加点使工作保质保量完成；工作遇到困难，总是依赖上级或他人，自己不动脑筋去克服，甚至打退堂鼓。

懒作为，消极怠工、纪律松弛。遇到不喜欢、不顺心的工作就消极怠工，上级催查才行动或敷衍了事；遇到无力解决的困难或需要请示的问题，向上级报告不及时，或认为报告上级就了事，不催不问，出了问题就推卸责任，甚至不报告不请示；在工作量大有压力时，叫苦连天，退缩不前，或请病假事假，扔下担子当逃兵。

“不当责”具体表现为以下几点：

无胆型。因循守旧，不勇于创新，不能大胆探索，害怕失败，担心得罪人，没有创新行动，缺乏开拓新局面、创造新事物的进取精神，只求不出事宁可不干事，但求平安无事。

推脱型。在出现不良结果、错误结果时，习惯于解释，找借口，或归罪于他人，不检查自己，不敢承担责任；只管处罚了事，不分析原因，不采取对策，不力争好的整改结果；接受上级的批评十分勉强，甚至强词夺理，也不快速整改，或无动于衷。

懈怠型。在休息、出差时，对自己岗位和所管辖的工作不闻不问，明知需要到岗也不返回，甚至关掉手机，中断联系，停止指挥；干工作没有目标和奋斗方向，不敢自我加压设定更高更新的目标责任，即使定了，也没有切实的步骤和行动。

⑥令不行、禁不止。

令不行、禁不止是指：有命令不执行，有禁令还随心所欲，拿公司的规章制度不当回事。具体表现在以下几点：

不闻不问。对公司下发的各项规章制度，不闻不问，不管不顾，完全不去学习和了解。

偷工减料。有利于自己的就执行，对自己不利的就不执行，或敷衍应付。

暗度陈仓。抱着“上有政策，下有对策”的态度，对公司的政策制度执行起来阳奉阴违，自搞一套。

检核表

对领导决策与政策公平执行情况的检核

1.《领导决策与政策公平检核表》

表 1–2 公司层面公开、公平检核表

序号	类型	检核项目	是/否
1	决策与政策流程	是否能针对现状进行调查，了解事实后明确决策制定的目的	
2		是否就存在问题与制定政策的目的广泛征求并分析员工意见，提出可行性备选方案	
3		定案及颁发是否按照少数服从多数原则或权限划分原则	
4		试行最终定案的政策机制时是否在过程中适时记录、修缮政策，使其日趋完善	
5	公开内容与要求	公司管理班子人员日常开支	
6		公司管理人员非日常开支	
7		废旧物资处置	
8		《考勤表》	
9		《员工考核动态表》	

表 1–3　分公司层面公开、公平检核表

序号	类型	检核项目	是/否
1	决策与政策流程	是否能针对现状进行调查，了解事实后明确决策制定的目的	
2		是否就存在问题与制定政策的目的广泛征求并分析员工意见，提出可行性备选方案	
3		定案及颁发是否按照少数服从多数原则或权限划分原则	
4		试行最终定案的政策机制时是否在过程中适时记录、修缮政策，使其日趋完善	
5	公开内容	分公司经营分析报告	
6		分公司本部收、付日报（公司拨付、支付额度使用）	
7		分公司转级、回款计划完成及考核周报	
8		甲方月度、季度、年度评估	
9		分公司管理班子人员日常开支	
10		分公司管理班子人员非日常开支	
11		人员晋升	
12		年度评估	
13		评优评奖	
14		管理人员任命	
15		《考勤表》	
16		《员工考核动态表》	
17		走动式管理计划及检查报告	
18		项目队管理办法；项目队管理公开内容:（1）项目队的施工力量（施工人数、投入车辆），施工区域;（2）派单情况;（3）劳务费用支付金额及支付比例;（4）工程进度情况;（5）工程质量情况;（6）其他需要公开的内容	

表 1–4 项目部层面公开、公平检核表

序号	类型	检核项目	是/否
1	决策与政策流程	是否能针对现状进行调查，了解事实后明确决策制定的目的	
2		是否就存在问题与制定政策的目的广泛征求并分析员工意见，提出可行性备选方案	
3		定案及颁发是否按照少数服从多数原则或权限划分原则	
4		试行最终定案的政策机制时是否在过程中适时记录、修缮政策，使其日趋完善	
5	公开内容	项目部经营分析报告	
6		《奖金计算表》(包括产值、利润、可分配奖金总额、分配到员工个人奖金额、月度发放额、年终发放额、改善福利金额等内容)	
7		公司、分公司代本单位支付款项明细表	
8		《收付报告》	
9		本单位负责人非日常开支	
10		《伙食开支明细表》	
11		《考勤表》	
12		《员工考核动态表》	
13		项目队管理办法；项目队管理公开内容：(1)项目队的施工力量(施工人数、投入车辆)，施工区域；(2)派单情况；(3)劳务费用支付金额及支付比例；(4)工程进度情况；(5)工程质量情况；(6)其他需要公开的内容	
14		甲方月度、季度或年度评估	

2．检核表的说明

（1）填写时间：每月一次

（2）填表人：公司层面检核表由公司职能部门、分公领导进行评估；分公司层面检核表由公司职能部门、分公司领导、项目部进行评估；项目部层面检核表由分公司职能部门、分公司其他项目部进行评估

（3）检核表的运用

①填表人每月30日填写一次，检核本月决策与政策公平的执行情况。

②人力资源部检查检核表填写情况，对填表结果进行抽查，并根据抽查结果做出适当调整和干预。

备注：①如所填答案超过2/3为“是”，重点抽查是否真实做到，去伪存真；②如所填答案超过2/3为“否”，重点抽查无法达到要求的原因，进行必要的谴责、鼓励或协助提高等；③如所填答案比例接近1∶1的状态，则对①②两种情况都进行抽查。

（4）检核表的更新

根据公司的发展、市场的变化，适时修正、增加检核项目，维持检核表内容的全面、有效。

对员工正气执行情况的检核

1.《员工正气检核表》

表 1-5 员工正气检核表

序号	类型	检核项目	是/否	备注
1	扣分项（做不到扣分，做到不加分）	不弄虚作假、违规舞弊		
2		不擅离职守、渎职失责		
3		不有令不行、有禁不止		
4		不设小金库、搞账外账		
5		不违规采购、收受回扣		
6		不私接业务、牟取私利		
7		不任人唯亲、权钱交易		
8		不散布谣言、损害公司形象		
9		不泄漏企业秘密、损害公司利益		
10		不涉黄赌毒、违法乱纪		
11	加分项（做到加分，做不到不扣分）	公共场合言谈举止大方得体，能代表公司形象		
12		诚实守信，遵纪守法，无违反法律法规与道德规范行为		
13		学习新技能、新知识，考取新的技能证件，提高个人工作能力		
14		主动承认错误，敢于承担责任，不推诿过错		
15		正确对待困难，寻找解决困难的办法		
16		积极参加各项集体活动		

（续表）

序号	类型	检核项目	是/否	备注
17		积极参与组织、策划集体活动		
18		在自身利益与集体利益冲突的情况下，以集体利益为重，不自顾自利或损害他人利益		
19		同事遇到困难，及时提供力所能及的帮助，为其寻求更多资源和支持		
20		在保护自身安全的情况下见义勇为，与坏人坏事作斗争		
21		拾金不昧、热心捐款、爱心献血或参与其他公益活动		

表 1–6　干部正气检核表

序号	类型	检核项目	是/否
1	扣分项（做不到扣分，做到不加分）	不弄虚作假、违规舞弊	
2		不擅离职守、渎职失责	
3		不有令不行、有禁不止	
4		不设小金库、搞账外账	
5		不违规采购、收受回扣	
6		不私接业务、牟取私利	
7		不任人唯亲、权钱交易	
8		不散布谣言、损害公司形象	
9		不泄漏企业秘密、损害公司利益	
10		不涉黄赌毒、违法乱纪	

（续表）

序号	类型	检核项目	是/否
11	加分项（做到加分，做不到不扣分）	个人收入阳光，不以任何不正当方式获得收入或占有公司资产，绝不利用职权私接业务从中谋利	
12		工作作风务实，坚持与员工“三同”	
13		项目队管理公开，严格遵守项目队管理规范，回避使用亲属，项目队派单、考核、结算等信息公开	
14		干部任用公开选聘，能者上，平者让，庸者下，绝不任人唯亲，拉帮结派	
15		严格遵守公司经营核算规则，收入、成本、利润等数据实事求是，绝不虚报瞒报	
16		财务资产管理到位，严格遵守财务资产管理制度，绝不出现因管理失职造成公司财务资产损失现象	
17		带头遵守规章制度，做员工的楷模	
18		公共场合言谈举止大方得体，能代表公司形象	
19		诚实守信，遵纪守法，无违反法律法规与道德规范行为	
20		学习新技能、新知识，考取新的技能证件，提高个人工作能力	
21		主动承认错误，敢于承担责任，不推诿过错	
22		正确对待困难，寻找解决困难的办法	

（续表）

序号	类型	检核项目	是／否
23		积极参加各项集体活动	
24		积极参与组织、策划集体活动	
25		在自身利益与集体利益冲突的情况下，以集体利益为重，不自顾自利或损害他人利益	
26		同事遇到困难，及时提供力所能及的帮助，为其寻求更多资源和支持	
27		在保护自身安全的情况下见义勇为，与坏人坏事作斗争	
28		拾金不昧、热心捐款、爱心献血或参与其他公益活动	

2．检核表的说明

（1）填写时间：每月一次

（2）填表人：员工检核表由部门内员工互评；干部检核表由同级互评、下级参评

（3）检核表的运用

①填表人每月30日填写一次，检核本月正气执行情况。

②人事部检查检核表填写情况，对填表结果进行抽查，并根据抽查结果做出适当调整和干预。

备注：①如所填答案超过2／3为“是”，重点抽查是否真实做到，去伪存真；②如所填答案超过2／3为“否”，重点抽查无法达到要求的原因，进行必要的谴责、鼓励或协助提高等；③如所填答案比例接近1∶1的状态，则对

①②两种情况都进行抽查。

（4）检核表的更新

根据公司的发展和市场的变化，适时修正、增加检核项目，维持检核表内容的全面、有效。

第二章

优化治理模式，向绩效要结果

顶层设计，建立企业“头部”运营机制

为什么对成功企业“临渊羡鱼”却不能率部“退而结网”？

为什么职业经理人很难超越老板的人格魅力？

为什么高层已授权可是执行依然不能到位？

为什么很难打破“一放就乱，一抓就死”的管理魔咒？

为什么职能部门之间协同会出现低效率的情况？

为什么公司里总会有不确定因素让老板夜不能寐？

我从事的是为本土企业提供规范化和科学化发展的管理咨询事业。在长期扎根一线为企业家和企业提供服务的过程中我发现，对于成长型企业来说，上述问题很有代表性。

“问题总在前三排，根子还在主席台。”很多企业出现问题的根源往往在于顶层，顶层的规则设计好了，许多问题才会迎刃而解。“顶层设计”这一名词已进入国家规划层面，预示着中国改革事业踏上了新的征程。我认为企业家

们也应该用“顶层设计”的思维，运用系统论的方法，从全局的角度，统筹考虑企业经营的各层次和各要素，统揽全局，追根溯源，从最高层次上寻求问题的解决之道，以集中有效资源，高效快捷地实现目标。

企业在不同阶段，危机表现的形式不一样。许多中小型企业正处于成长与成熟之间，最有可能出现领导危机、内部秩序危机、控制危机等。成功的企业越来越注重顶层设计，以避免出现上述危机。在对未来趋势做出前瞻性预判的基础上，进行系统性、体系化的战略规划，把战略和利益分配挂钩，把战略与管理部门职能转变挂钩，把战略与企业文化再造挂钩，才是实现企业持续发展的出路。

顶层设计体现了一种高层次的战略性思考能力。经营企业就是要将“取势、优术、明道、利器、强将、精兵”（如图 2-1 所示）十二字方针贯穿到企业经营活动中，企业大厦才会根基牢固，屹立不倒。

怎样用“顶层设计”建立企业运营机制呢？

第一，要确认愿景和使命。企业要确定大家一致认同、鼓舞人心的发展愿景和使命，以及实现愿景使命所需的积极的制胜战略，并对战略进行梳理，更好地审视今天的经营管理行为。

为什么要做战略梳理？战略梳理便于更好地展望未来，展现公司的发展宏图，并设定部门经营目标。战略梳理也

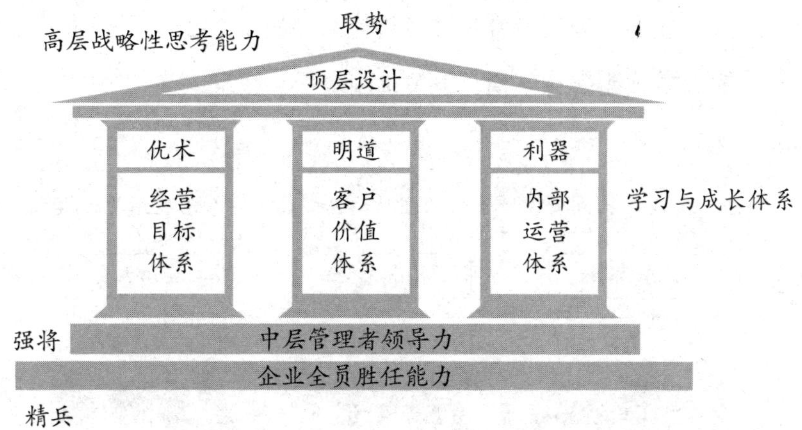

图 2–1　顶层设计与企业大厦

最能让最高领导聚焦经营态势，关注业务前景，并对经营活动进行严谨分析，以竞争形势分析为基础，以外部因素变化为考量。认真思考战略是经营的起点，每年要集体进行审核，确保向前提升发展。

第二，完善公司治理结构和决策体系设计。公司治理结构是指公司制企业中股东大会、董事会和高层管理人员之间正确划分权力、责任、利益，以形成一种相互制衡、相互依赖的体制和机制。

董事会不是一个等级社会，每个成员都有相同的职责和责任。他们就像“领导同盟”一样平等地开展工作、组织讨论，最后达成一致意见，必要时进行投票表决。公司管理层是一个典型的等级社会，组织内部有着严格的等级责任，从而使上情下传、下情上达。

企业一般有三种治理结构模式（如图 2–2 所示），每一种模式代表一种结构，决策机制都不一样。

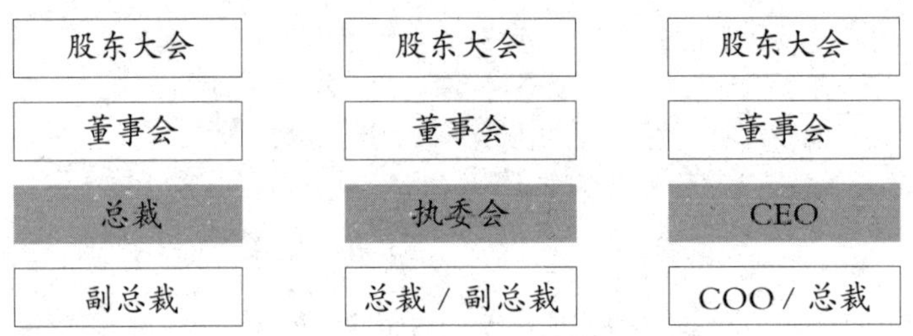

图 2–2 三种法人治理结构

法人治理结构 A 模式：为传统模式。最高决策权集中于董事会，总裁为公司最高行政领导，向董事会负责。总裁负责审核公司整体战略、年度预算、审核批准业务计划、副总裁及下属公司总经理的绩效考核等。随着公司规模的扩大和业务的多元化，公司日常经营管理日益复杂，这种法人治理结构，对总裁能力和知识面的要求会非常高。

法人治理结构 B 模式：注重集体决策，使用集体智慧。最高决策权集中于执行委员会（以下简称“执委会”），避免由于经营规模扩大、业务复杂而可能造成的决策层与执行层脱节现象。执委会对董事会负责，执委会主席通常为董事长，执委会成员原则上均为董事。执委会负责审核公司整体战略、年度预算、经营计划、绩效考核、为实现公司战略必须做出的资源分配等。在这种模式下决策，执委会易因一周一次的会议决策使效率低下。

法人治理结构C模式：是由CEO（首席执行官）负责监督落实董事会通过的各项经营决策，避免由于经营规模扩大、业务复杂而可能造成的决策层与执行层脱节的现象。COO（首席运营官）作为CEO的助手，负责公司主营业务运营，一般由总裁兼任。总裁是仅次于CEO的公司第二号行政负责人。CEO、COO、CFO（首席财务官）、CIO（首席信息官）系列的出现是经理职能日益专业化的结果，其职责明确、分工合理、效率很高。C模式为“财富500强”中大部分企业所采用，是一种国际通用的治理结构。但由于CEO拥有很大的控制权，这种模式可能造成一言堂局面。

有一家集团化的股份制企业，集团下属有子公司、孙公司和项目部三级经营机构。对于项目部而言，基本上都是采取项目经理责任承包制这种经营模式，因此孙公司对项目部采取的是财务管控模式。而子公司对孙公司采取的却是运营管控模式，孙公司只抓业务，子公司的职能部门的作用很强大。对于各个子公司而言，业态不同，集团不干涉具体的经营活动，但子公司的业务发展方向由集团把控，因此集团对于子公司采取的是战略管控模式。

第三，设计管控模式。一般来说，有三种管控模式可以供企业选择，分别是：财务管控模式、战略管控模式和运营管控模式。这三种模式都有它们的优点和局限性，企业可以根据自身资源和能力及管理风格，评估选择最合适的管控模式。

财务管控：不区分业务领域，追求收益最大化的模式。它适合赢利能力强、资金回收周期短的企业。选择此类模式的企业实际上非常关注企业经营质量。

战略管控：强调企业战略实施与经营计划达成的模式。它非常强调资源的优化与合理配置，关注经营者水平的提高。

运营管控：追求市场份额增长速度最大化的模式。它在管理功能方面发挥到极致，对业务单位的后勤保障和行政支持方面表现出色。运营管控模式非常关注劳动作业效率。

第四，确认组织结构设计和权责体系设计。组织结构是为了实现目标而对资源进行系统性安排。不同的管控模式决定组织运作的结构，为客户创造价值的模式发生变化也会带来组织结构的变化。有时候，组织结构也会根据人才结构和人力资源现状量体裁衣。一般来说，组织结构主要有职能式结构、事业部式结构、区域式结构和矩阵式结构四种类型。

职能式结构：指组织从下至上按照职能将各种活动组合起来。当组织需要通过纵向科层来进行控制和协调时，这种结构是很有效的。

事业部式结构：组织内部基于业务、产品、项目来划分成一些相对独立自主经营的单元，有时也称产品部式结构或战略经营单位。当组织需要以适应和变革为导向时，这种结构是很有效的。

区域式结构：组织在不同的地区设立自主经营的分部。当不同的地区顾客的需求不同时，这种结构是很有效的。

矩阵式结构：一个组织的结构可能会同时专注于业务和职能，或强调业务和区域，而将职能式、事业部式或区域式结构进行组合所形成的结构。当企业需要通过纵向科层控制，需要推进横向变革管理时，采用矩阵式组织结构是很有效的。

权责体系设计往往是与组织结构设计同步思考的。权责划分不是审批程序，它是经营与管理活动中的工作开展规则，标的涵盖面很广。权责不仅包含权力，而且包含责任。划分权责的目的是通过角色的界定建立管理秩序、提高执行效率。

权责一般有六种：“提报”是一种责任，是指向上级或集体提出个人主张，必要时需要提交方案，对需求申报负责；“审核”也是一种责任，是指审核提报方案，报上级批准，对方案合理性负责；“批准”是一种权力，指终审提报的方案并做出最终决定，对方案实施的风险评估负责；“执行”是一种责任，指当事人要去执行被批准的方案，对结果负责；“知情”是一种权力，是指知晓执行方案相应情况，对执行过程配合与协助负责；“监督”是一种权力，是指当事人察看有关部门是否按照有关标准和原则执行任务并督促其完成任务，对合规负责。

如果一家企业把经营与管理中的大事小情件件都按照“提报”“审核”“批准”“执行”“知情”“监督”六个方面去分配角色，那么这家企业的管理效率会大大提高。我们把这种权责划分的方式称之为“六权分立”。

第五，设计业务流程与管理流程。设计业务流程就是将执行任务中各成员的岗位组织在一起分析与讨论，确定任务的先后顺序和每个接口的角色分工。各成员岗位参与越广，执行意愿越强；协议越一致，执行力度越强。因此，流程也可以说是一种多边协议。

流程设计要建立以客户为中心、以效率为中心和以团队协作为中心的三角思维。好流程可以保证和提高产品与服务质量，减少业务流程所耗费的时间，提高运行效率，降低运作成本，寻求降低和控制风险的空间。

做好上述这五件事情，企业这座大厦就有了一个好的屋顶，即使外面风雨飘摇，也能有较强的防御能力。

5种方法，确定目标值

企业家通常会遇到一个头痛的问题：公司设定的年度经营目标值往往缺乏让执行者信服的依据，大部分执行者会觉得老板设定的目标是个天文数字，遥不可及。如何寻找双方都可以接受的目标设定依据呢？我在长期经营企业实践中总结了以下5种方法。

目标值确定方法一：倍速增长法

当企业发展到一定规模，有些老板认为发展速度可以放慢一些，但转念一想：如果对手发展比自己快了，那岂不是抢走了自己的市场份额？而且公司发展速度慢了，发生改变的可能性也减少了，员工发展空间也被限制了。所以，他们很快明白一件事情，影响企业成长速度的很大部分原因是对手和员工。但如果目标定得过大，员工也不会买账。有什么方法能让员工接受公司增长速度的目标呢？

一项研究数据表明，行业中的标杆企业发展的速度与行业平均增长速度相比较，标杆企业保持行业中平均增长

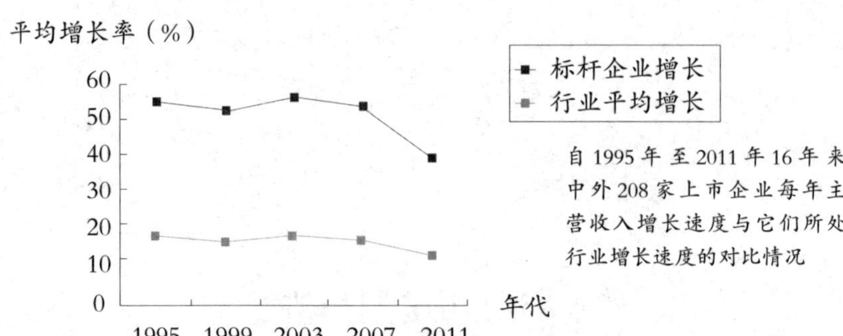

图 2-3　行业中标杆企业增长速度数据分析模型

速度的 3 倍（如图 2-3 所示）。于是“3 倍速增长法”成为许多立志要做行业标杆企业确定主营收入目标值的重要依据。例如，16 年来家电行业平均增长速度是 17%，海尔每年保持增长 52%；IT 行业每年平均增长 22%，行业翘楚联想每年复合增长 68%。这两家企业都保持行业平均增长速度的 3 倍。国外企业如三星和沃尔玛，它们的发展增速分别是消费类电子行业和零售行业平均增长速度的 3 倍，因此为什么当年沃尔玛在全球每三天开一家店到近些年每一天开 3 家店，了解了这样的增长速度就不足为奇了。

一家集汽车导航仪研发、生产、销售于一体的企业，2011 年主营收入为 3 亿元，行业三年来平均增长速度为 15%，该企业三年来增长速度超过 30%（如图 2-4 所示）。如果该公司把“3 倍速增长法”作为 2012 年主营收入目标确定的依据，请问目标值如何计算？

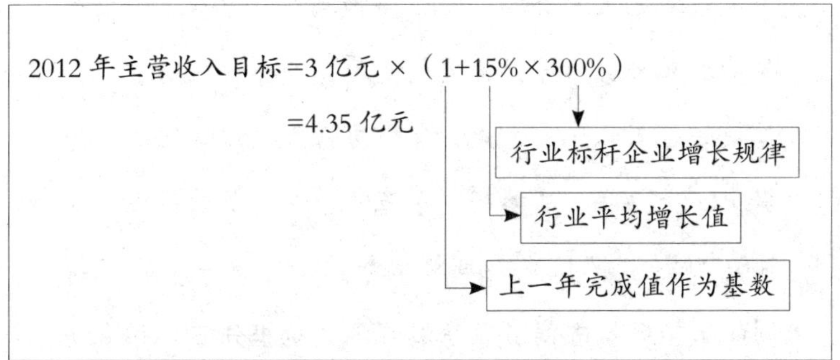

图 2–4 “3 倍速增长法”确定企业主营业务收入

目标值确定方法二：战略目标倒推法

企业经营目标除了财务指标外还有市场份额、运营效率和员工成长等目标。有些目标的量值可以通过战略目标倒推来确定。通常，规范性企业都会确定中短期战略，站在未来看今天的经营活动的出发点是战略规划的目的。一个奇怪的现象是，员工宁愿相信 10 年后自己的公司可以成长为世界 500 强，却不愿意接受明年自己的公司在行业市场份额排名前进 3 位。因此，很有必要把公司战略规划中未来 5 年的目标逐年倒推，确定出眼下年度的经营目标。下面请大家看一个案例：

盐城 ×× 药业有限公司主营业务为医药和医疗器械的物流和分销。公司领导层于 2018 年 1 月底制定了

2018—2022 年 5 年战略规划。他们提出“把 ×× 打造成盐城地区最有实力的医药物流集散中心”的企业愿景。××公司深知，要想实现公司愿景，需要一支过硬的员工队伍，于是在《公司五年战略规划书》中提出，2022 年（战略规划第五年）中高层管理干部要 100%胜任。根据战略目标倒推法，2018 年（战略规划的第一年）中高层获得胜任能力证书的占比为 63%（如图 2–5 所示）。

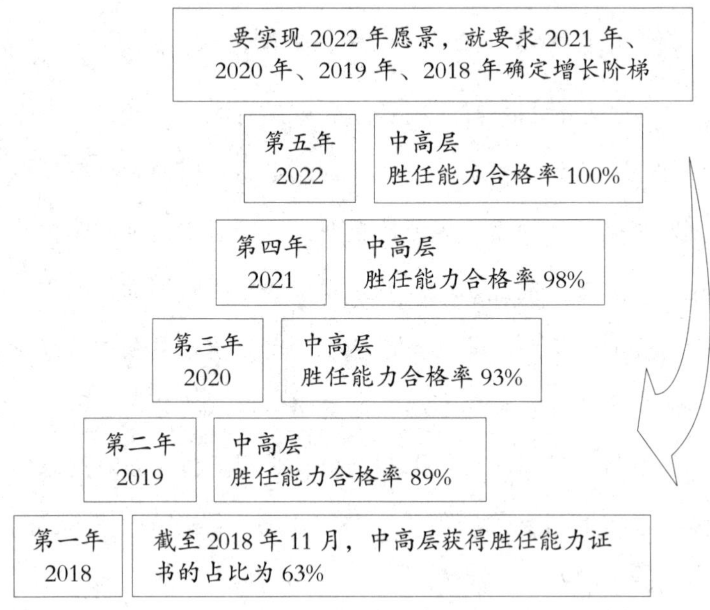

图 2–5　××药业管理层胜任能力培养战略目标倒推法示意图

目标值确定方法三：投入回报法

企业在哪里追加投入了人、财和物等资源，就应该相应追加产出目标。所以，企业经营目标该定多少，可以参照比以往多投入了什么样的资源来确定。

某企业是一家销售纺织机械的中日合资公司，销售组织按照区域划分为华南、华东、华北、东北、中部、西部六大区。把新的一年增长速度确定后，在上一年各区域实现回款基础上，计算得出新一年各区域的销售回款目标（如图 2–6 所示）。

单位：万元

地区	华南	华东	华北	东北	中部	西部
回款目标	1850	2100	1150	1350	850	550

由于公司在吴江新设办事处，增加了 4 名业务代表，购置一辆送货车。因此年度目标应该按照两项追加目标：1. 人效 40 万元 / 人；2. 车辆（固定资产）投入产出 30 万元。应共追加 190 万元，所以华东区最后敲定回款目标为 2290 万元。

图 2–6　某企业新一年各区域回款目标确定

目标值确定方法四：标杆法

每个行业都有一个学习或者追赶的标杆。经营目标体系中客户、内部运营、学习和成长这些构面中有些目标值可以参照标杆企业已实现的结果来确定。

某商贸公司是一家品牌服装代理和百货商场经营的贸易公司，各业务单元的经营目标中都有一个内部运营效率指标：坪效（每一平方米经营面积产生多少销售收入）。原来考核时目标值是按照地段在商圈中位置不同设定，公司对每一个业务单元的坪效预期下达考核指标，各个经理常常寻找各自原因解释达不到坪效的理由。

如果你是这家企业的总经理，该如何设定目标值呢？最终，他们按照不同品牌搜集了全国各代理商终端店铺的坪效数据，根据比对分析确定将其中某城市的代理商作为学习和追赶的标杆，这样标杆企业的坪效完成多少就成为此商贸公司目标设定的依据了。

目标值确定方法五：对等法则

执行任务时存在这样的情况：上司扫除下属执行的障碍，下属完成上司交代的任务。如果上述目标值确定的四种方法不适合，那就可以由上司提出期望值。但前提是，下属完成目标的障碍必须由上司扫除。这就是“对等法则”！

有一年，东芝（中国）多媒体事业部年度销售目标为25亿元，实际完成27.3亿元。新的一年里，东芝（中国）株式会社总代表田中孝明给该事业部下达了35亿元的销售任务，多媒体事业部总经理VIC感觉这个销售任务简直是天文数字，不能接受。为了让VIC接受这一“不可能完成”的任务，田中孝明苦苦想了很多方法，与VIC采取了一种有效的目标沟通方法，最终VIC代表事业部签订了绩效合同，并且当年销售任务竟然完成了40.13亿元。

是什么神奇的力量造就了这个销售业绩呢？

当下属认为存在完不成的任务时，领导者可以让下属罗列完不成的理由，并将这些理由按照双方的职责和权限一分为二。领导者用“对等法则”把自己的责任落实为行动计划，执行者就没有理由完不成任务了。因此，上面问题的答案就是作为上司的田中孝明为下属VIC扫除了任务执行的障碍。

考核评估“5–7–9法则”

企业有了经营目标，就需要实施目标管理。如果企业上一年实现了5亿元的销售收入，新的一年销售收入的目标是6．5亿元，就需要依靠目标加强管理，提升员工的执行力，让员工将计划变成行动，把行动变成结果。员工有没有把计划变成行动，把行动变成结果，考核评估就是试金石。

正确理解“考核评估”

我们不妨做一回“拆字先生”。“考”是指“考卷”，即绩效考核的方案设计；“核”是指核准，即绩效考核的数据收集；“评”是指“评分”，即绩效考核的分数计算；“估”是指“估价”，即如何让绩效考核与薪酬挂钩。

绩效管理的成功，建立在企业具有科学和完善的薪酬分配体系之上。

首先要能正确理解绩效薪酬的理念：薪酬水平是由岗位的价值决定的，绩效工资是由工作是否干得好决定的。其次，要确定职等职级薪酬表，设定绩效与薪酬对应系数，用绩效结果作为薪酬调整的依据。马太效应有言：凡是贡献大的，还要给他更多；凡是没有贡献的，连他本来得到的都要夺回来。员工与公司雇佣关系建立在“结果交换”基础上，员工的收入按照阶段性绩效实施“梯级浮动”；基层人员加薪要“小步快跑”，岗位轮调时，工资按照“宽带可变”原则，任什么职务就按照岗位的价值评估出薪酬水平。

有些企业在绩效考核时有一个难题——考核不能量化。量化管理有3个重要的特征：数字化表述目标、视觉化转化任务和公式化计算结果。我在长期绩效管理实践中总结了10种量化技术，可以将每一个考核指标的衡量标准充分体现出来。

1. 达标率量化

这是按照完成任务后与事先期望事态发展水平进行比较的一种计量方法。通过计算，直接给出结果的分值，体现人们对于追求完成百分比的惯性思维。

2. 分段赋值量化

这是按照完成任务事态发展的不同水平段进行评定，给予不同点值的一种计量方法。通过对应区域直接找出结果的分值，体现行为动作在持续稳定中增长的特性。

3. 倒扣分量化

这是通过关键绩效行为分析，事先设立检查机制，对于没有按照标准执行的行为采取倒扣分的一种考核方式。

4. 进度量化

这是通过计算特定时间与行为之间的因果关系给出结果的分值。

5. 顺向标准差量化

这是鼓励完成数量越多越好，把实际完成与事先设定标准进行对比分析的一种计量方法。这种量化考核技术用在销售人员应收价格管理方面效果显著。即使提成比例不变，业务人员心态也比较平稳，充分领悟成交价的不同对公司贡献不同的含义，既强化业务人员对价格政策执行的力度，又能灵活应对竞争格局。

6. 反向标准差量化

这是鼓励完成期限越短越好，把实际完成期限、要求与事先设定标准进行对比分析的一种计量方法。比如销售部门，让业务人员关注现金流对于经营的影响，完整理解销售行为。公司强调什么，就要考核什么，业务人员就会重视什么。

7. 概率量化

这是将表示完成任务中允许存在失败概率从目标值中剔除的一种计量方法。用概率量化考核的KPI，其目标值往往一次性确定好几个考核周期的目标值，而且目标值越来越严格。通过排除可能发生的状况给出结果的分值，体现“关键的少数制约多数”的20/80原理，引起人们对行为中“短缺因素”的重视。

8．强制百分比量化

这是在优劣比例确认的情况下，将完成任务中不同个体强制排名次的一种计量方法。把定性的事情通过名次排定给出结果的分值，体现管理者“考核结果、管理过程”的思维方法，激发组织内成员不甘落后、赶超先进的热情。

9．过程统计量化

这是将完成任务过程中的行为定义为不同的分值的一种计量方法。比如，肯定不同行为在销售环节中不同的分值，增强分派任务的灵活机动性与工作的协调性，从而使参与工作的所有人员都统一了对工作标准的认同。

10．余额控制量化

这是将总的工作量进行分解，考核规定时间内剩余工作量的一种计量方法。这种方法使难以量化的工作得以分解量化，让员工更加明确自己的工作目标，在具体工作中看到自己的差距和成就。

学习掌握以上 10 种量化技术，我相信考核就更加容易量化。

如何确定高层管理人员年度考核方案

为了明确高层岗位年度工作的责、权、利关系，规范公司的授权经营体系，切实推行目标管理运作机制，激发公司高管的积极性和主动性，树立业绩目标意识，并且约束、激励全体员工实现公司的年度经营目标，强化管理责任，**企业应该要求高层管理干部与公司签订《年度目标管理与绩效考核责任书》**。

签订此责任书的意义在于体现公司经营管理者的责、权、利的统一。“责”，即使命和职责；“权”，即负责任的范围和程度；“利”，即利益机制。按照责、权、利对等的原则，责任书规定了双方的责任与权利，一经签订即对双方具有约束力，双方应共同遵守。

考核规模及指标权重怎么规定

KPI关键指标库有很多指标，月度考核指标如何确定才比较合适呢？**对考核规模的界定，我们可以遵循“5–7–9法则”**。由于企业各级人员的定位和使命不一样，考核指标的个数应该有差异。**高层做“明天”的事，工作重点侧重于战略规划和管理创新，他们的考核指标以“5”个为宜**。高层的年度指标一般是财务指标，月度指标应该是为下属扫除执行障碍的工作计划。**中层做“今天”的事，工作重点侧重于阶段性目标的达成，他们的考核指标以“7”个为宜**。中层的考核指标重点在于客户满意度和内部运营流程的改善。**基层做“昨天”的事，工作重点侧重于简单的事情重复去做，练到极致后把“重复做的事情”变成绝招，考核指标以“9”个为宜**。考核指标重点在于个人作业效率、协作精神、服务水平和胜任能力等。

考核指标的权重定多少分比较合适呢？

权重是在百分制考核中每个项目指标所占的比重。权重的界定关乎KPI指标的战略地位，同时影响考核结果。我们可以把权重用“5级权重制”来界定，最高级为5级25分，最低级为1级5分，其他则为4级20分、3级15分和2级10分。

5级25分的权重考核指标是指：直接影响公司利润的绩效行为，能用量化公式直接计算出来的KPI，如销售收入或者降低成本等。

4级20分的权重考核指标是指：直接影响公司资产使用效率的绩效行为，能用量化公式直接计算出来的KPI，如固定资产周转天数、存货周转和应收账款周转天数等。

3级15分的权重考核指标是指：流程性的考核项目，往往是在一连串的绩效行为中的某一环节，如采购一次性合格率、预算控制的达成率等。

2级10分的权重考核指标是指：定性的考核项目，通过定量转化才能计算得分，如部门协作精神等。

1级5分的权重考核指标是指：最低级别的考核指标，考核项目属于阶段性，并非每个阶段都常设，如行政经理“年终总结表彰大会的组织”等。

如何进行绩效数据收集

为了能使企业绩效管理工作高效运作，一般来说，有一定规模的企业要设“绩效专员”专司绩效管理包括数据收集的工作。绩效专员有“归口”“核实”和“运筹”三项基本职能。“归口”的职能即目标值下达、完成值填报；“核实”的职能即数据收集与确认、计算得分与确认；“运筹”的职能即绩效计划下达、考核结果统计和绩效面谈筹划。

数据统计、分析、核算本身就是很多部门的基本职能，关键是绩效专员对他们的工作提出要求。绩效专员月初以文件形式向各部门告知。

“本月需要提交对应部门的数据表单”，如果总经理是评估人，绩效专员要特别强调职能部门提供对应KPI指标完成情况的数据。

绩效专员要把数据收集工作做得扎实，要反复以各种形式提醒考核部门及时提供绩效结果，比如绩效专员在公告栏上多次以“告示帖”方式提醒数据提供部门。

有些指标的完成值是需要通过问卷设计、发放和统计分析才能提供给评估者的，因此绩效专员要做系列的二级考核表格分析与统计。比如“人力资源工作员工满意度问卷调查表”“财务工作员工满意度问卷调查表”“客户服务满意度问卷调查表”等。

力出一孔，利出一孔，月度考核靠两招

XY公司是生产锂电池材料的一家高科技企业。在推行绩效考核时，公司领导发现业务部门和支持部门对于考核链接绩效工资的做法都不认可。原因在于销售业绩好的时候，业务部门得分很高；销售业绩差的时候，业务部门得分很低。收入自然呈现“一荣俱荣，一枯俱枯”的现象。而支持部门的考核指标没有与经营性指标挂钩，只考核本职工作，即使大家得分很高，但个人绩效增长并未起很大变化，业务部门绩效系数与支持部门绩效系数一旦差距太大，他们就觉得不公平。

后来，XY公司导入绩效考核制度，全员对“共识法则”的理念很认同，那就是“企业所有的事都是一件事，即达成经营目标”。管理层让业务部门和支持部门对每个月的经营结果同时负责。

XY公司处于业务扩张期，新的生产线投资需要资金，而销售回款账期经常得不到保障。因此，经营层决定通过目标管理改进公司经营现状，将月度考核

聚焦“签约金额”“回款金额”“应收款账期”和“交期”上（如表 2–1 所示），这 4 项 KPI 是现阶段公司的主要矛盾。公司倡导“力出一孔，利出一孔”，各部门负责人的月度考核方案中都有这 4 项 KPI 考核指标。由于目标值和完成值对于每个岗位是一样的，数据统计由财务部负责提供，上司与部属无须为数据统计和计算得分劳心费力。

表 2–1　XY 公司月度 4 项 KPI 考核表

序号	指标名称	目标值	权重分	考核方法	实际完成结果	得分
1	签约金额目标达成率	100%	25	实际达成率 ÷ 100%×25 分		
2	回款金额目标达成率	100%	25	实际达成率 ÷ 100%×25 分		
3	应收账款平均逾期	≤ 7 天	20	（2×7 天 – 实际平均逾期天数）÷7 天 ×100%×20 分		
4	交期达成率	100%	15	准时交货批次 ÷ 交货批次 ÷ 100%×15 分		

XY 公司经营者非常注重员工的行动力管理，倡导“把计划变成行动，用行动促成结果”，全面推行“3T 周计划与 4 定日结果管理条例”，月度考核中又叠加了 3 项行动力考核指标（如表 2–2 所示）。XY 公司认为，如果每一位管理者在制订计划时都能按照“任

务的6大来源”安排工作，那么上述4项KPI指标的达成就会有保障。因此，月度考核采用双百分考核，第二个百分考核“计划完整性”“计划提交及时性”与“4定日结果”的达成率。这三项考核由上司提供结果、人力资源部监督。

表2–2　XY公司月度3项行动力考核表

序号	指标名称	目标值	权重分	考核方法	实际完成结果	得分
1	3T计划提交及时性	100%	10	（1−延迟小时÷规定时长）×100%×10分		
2	3T计划完整性	100%	10	（1−不合格项÷规定项）×100%×10分		
3	4定日结果达成率	≤7天	10	（1−未达成事项÷计划内事项）×100%×10分		

XY公司将公司考核对象按照岗位定位与经营结果之间的关系分成“强”“中”“弱”3个类别，在双百分制考核中分别实行80%∶20%、50%∶50%与20%∶80%的不同权重分配（如表2–3所示）。这样，既让全体管理者关注经营结果，又能关注分内的工作是否100%做到位。因此，XY公司很快就将“目标管理与绩效考核”落地了。

表 2-3　两项考核权重平衡表

类别	岗位属性	两项考核权重分配	岗位列举
A	岗位定位与经营结果关系：强	4 项 KPI 转化百分制得分 ×80%+3 项行动力转化百分制得分 ×20%	销售、市场拓展、营销策划、研发、售后服务等
B	岗位定位与经营结果关系：中	4 项 KPI 转化百分制得分 ×50%+3 项行动力转化百分制得分 ×50%	生产、采购、质量管理、财务等
C	岗位定位与经营结果关系：弱	4 项 KPI 转化百分制得分 ×20%+3 项行动力转化百分制得分 ×80%	行政、后勤、设备维护等

绩效是干出来的，不是考核出来的

企业家的使命是带领全体员工围绕战略展开年度经营计划，用 100% 的行动做出 100% 的结果。**经营企业的本质是建立“以绩效为驱动的经营管理模式”**，经营班子要把三项工程作为公司经营战略来抓。第一项工程是建立“经营目标体系”并层层分解经营指标。第二项工程即掌握“考核评估”技术，制定合适的绩效管理方案。绩效是“干”出来的，不是“考”出来的。如果用过去的方法执行今天的任务，显然是不能完成的。新的目标要用新的策略来完成，所谓的“策略”就是不一般的方法。第三项工程即寻找“行动策略”，百分之百地完成经营目标。

绩效是干出来的，不是考核出来的。此句说起来容易，但要真正执行起来绝非易事。一开始，企业内部会有人担心绩效考核制度，因为变革会触动有些人的“奶酪”，也会改变大家的做事方式。人们不反对变革，但害怕变革会侵犯自己的既得利益。在推行新制度和新机制的时候，“变革法则”要求我们分析此项变革会波及哪些人的利益，应该事先处理这些人的“心情”，然后再处理事情。这样，变革的阻力才能够化大为小、化小为了。如果有人能做到牺牲个人利益以保全团队的长期利益，就证明“变革法则”有效果了。

考核什么企业就会收获什么；用什么方式考核，员工就用同样的方式重视。KPI绩效指标库是在企业经营目标体系建立的前提下，全面反映关键绩效指标的呈现方式。不同阶段企业都会存在经营管理的诸多问题，可以对这些相关指标进行阶段性、连续性、跟踪式考核，以引起员工的足够重视。如连续 3 个月对阶段性绩效指标进行考核评估，若 80% 的考核指标取得长足的进步，绩效考核的“效应法则”就充分体现出来了。

绩效管理系统是 8 个规则的有机组合

地图演变史就是航海地理信息从零散到系统的组织过程，而一旦形成系统就产生了巨大的价值。绩效管理系统从企业经营计划的制订到考核机制的建立，从目标分解到行动策略的寻找，进而把企业经营管理中的很多规则有机地组合起来，就会产生很大的价值。

企业经营者应该按照绩效方案的各个要素确定系列规则，建议把以下 8 个规则进行有机组合，以形成全面的绩效管理系统。

第一个规则，运用平衡计分卡原理建立经营目标体系，从财务、客户、内部运营、学习与成长四个维度对实现企业短期和长期的绩效做平衡安排。企业打造绩效考核机制将会带动四大管理系统的完善。首先，经营目标分解和标准成本体系的建立奠定了全面预算管理系统的基础。其次，客户关系管理系统使企业在增加客户数目、增加客户回头率、增加每一笔交易的额度三个方面搭建了良好的平台。第三，价值链重新构建。各部门为了缩短作业周期签订多边协议，为业务流程系统的优化注入新鲜力量。第四，员工成长系统促进了员工行为协同的一致性、胜任能力培养的自觉性和创新精神的开放性。

第二个规则是建立KPI关键绩效指标库。关键绩效指标来源于经营目标体系分解和每个工作岗位的关键成果领域。

第三个规则是确定目标值的依据。每项指标任务的多少都有对应的来源依据，分别是倍速增长法、战略目标倒推法、投资回报法、行业标杆法和对等法。

第四个规则是 5 级权重制。每个指标在 100 分中所占的比重是根据 5 级定义描述确定的。

第五个规则是6大量化考核技术。通过计算公式或者把定性的考核量化以确保考核分值刚性。量化考核技术包含达标率量化考核、分段赋值量化考核、进度量化考核、概率量化考核、顺向标准差量化考核及反向标准差量化考核。

第六个规则是绩效管理工作归口管理。绩效计划和绩效结果的填报须有绩效小组（专员）统一界定，绩效管理专员还要统筹绩效面谈和绩效辅导工作。

第七个规则是建立面谈与辅导的流程。绩效面谈5步法和绩效辅导7步法体现绩效管理考核结果和管理过程的本质。

第八个规则是马太效应的运用。考核结果链接绩效工资。

管理追求简单，但复杂是简单的前提，简单是复杂的结果，简单不等于简化。在管理中，系统未建设好之前，工作流、信息流都是片段式的。在组织内实施系统改造时，我们要用“简单法则”消除人们的恐惧心理。以手表为例，手表的表盘上只有简单的时针、分针和秒针就能准确报告时间，但手表的“芯”却装着一个复杂的系统。正是由成百上千个螺丝、发条等零部件才能支撑起这个系统。

尽其用，方能尽其才

尽其用，方能尽其才。技能不错、态度认真的员工没有完成任务，大部分原因是不会使用身边的资源，执行任务时置身边的资源于不顾，其才能不能尽情地释放出来。

资源是一切可被开发和利用的物质、能量和信息的总称，是生产过程中的投入。资源从本质上讲就是生产要素的代名词。资源是有限的，然而认识、利用资源的潜在能力是无限的。

企业有哪些资源？资源可以分为物质、信息和能量。物质资源包括资金条件、技术基础、生产成本、人力资本、场地、产品、基础设施和生产设备等八项资源。信息资源包括销售渠道、企业局域网、业务流程、工作计划、内报期刊、会议、培训活动和服务网络等八项资源。能量资源包括经营效率、知名度、美誉度、政府关系、组织结构、发展历史、人际关系和运营机制等八项资源。

一位人力资源管理经理在履行“年度人才招聘计划”职责时，在资源运用方面，对照“资金条件”这一物质资源，他采取的行动策略是将80%资金预算用在20%紧缺人才招聘上，做好招聘费用预算表。对照“人力资本”这一物质资源，他采取的行动策略是将公司优秀员工晋升的故事图文并茂地展示出来。对照“会议”这一信息资源，他采取的行动策略是利用行业展会宣示公司品牌形象和经营实力，同时，宣传公司技术人才引进政策。对照“人际关系”这一能量资源，他采取的行动策略是设计内部员工人才举荐奖励制度，鼓励员工利用社会关系发现人才、引进人才。

如何百分之百达成经营目标

管理进入“器”时代。理念固然重要，但工具作用不可忽视。为了能够将绩效计划与行动策略落地，每个岗位应该推行5个“一”工程:“一图一案一单一表一书”，从而推动每个人生产力的提高。“图”是指“绩效路径图”，即将绩效指标落实到结构图中，并分析出完成任务的“行动策略”。“案”是指“绩效考核方案”，每个KPI关键绩效对应的目标值、权重分和考核法的呈现。“单”是指“行动策略清单”，即盘点协同能力、胜任能力和创新能力的项目。“表”是指“资源使用表”，即每项工作职责、对照资源使用的过程分析。“书”是指“工作说明书”，即每项工作开展的依据、权责和工作成果的描述。只有写得清楚，才能说得明白；只有积累经验，才能教会别人。

绩效管理落地的6大关键

绩效管理一直是中国企业管理中的“鸡肋”，老板弃之不忍，员工食之无味。有些企业通过学习掌握了整套目标体系建立和绩效考核的方法，但一旦实施起来，绩效管理却碰到很多阻力，最后陷入进退两难的地步。

如何真正将绩效管理的原理、方法和工具落实到企业经营管理实践中呢？我认为，绩效管理在企业落地中要抓住下面所述的6大关键。

关键一：绩效管理落地的核心——在观念，不在技术

绩效管理体系分为经营目标体系、关键绩效指标库、考核方案、考核方式、绩效面谈与辅导。从操作技术上来说，无论是目标值确定的5种依据、还是量化考核的6种技术，无论是绩效面谈的5个步骤、还是绩效辅导的7把钥匙，大部分企业都能掌握这些技能点。所以，绩效落地的障碍不在技术。

厦门A公司的产品主要面向国外市场。2012年总经理带队参加中旭股份举办的“绩效100工程”方案班时，总经理助理反映，公司按照绩效管理操作手册对不同层级人员考核合格分数线的规定是：基层人员85分即为合格，对应绩效奖金发放系数为1. 0；如果考核100分，则绩效奖金发放的系数为1. 5。中层人员90分即为合格，对应绩效奖金发放系数为1. 0；如果考核100分，则绩效奖金发放的系数为1. 3。高层人员95分即合格，对应绩效奖金发放系数为1. 0；如果考核100分，则绩效奖金发放的系数为1. 2。目前全公司接受考核的同事绩效奖金发放的系数绝大部分超过 1. 0，为此公司在绩效奖金的兑现上多支出了资金。

总经理助理质疑：这样的做法，考核指标是否抓住了重点？绩效奖金超出了预算，工资成本不就加大了吗？再说考核分数超过 100 分，制度里并没有规定给予更多的绩效奖金，获得额外超出分数的员工就会认为没有意义。这样看来，绩效考核不就缺乏激励作用了吗？

在他看来，这样的绩效考核形同虚设，劳民伤财。

如何看待上述案例暴露出来的问题呢？首先要端正绩效管理的观念。**绩效管理的目的在于绩效改进，不在于绩效考核。绩效考核仅仅是手段，考核的目的是发现问题、找出差距、重新配置资源，以及提升岗位胜任能力。**A公司绩效考核的结果是形势一片大好，但要看劳动效率有没有提高，为客户提供产品和服务的交期和品质有没有保证，财务回报有没有增长。如果绩效改进了，即使多分配一些绩效奖金也是理所应当的。因为，如果不进行绩效考核，也许有些岗位产生的失败成本也得由公司买单。

当然，如果绩效没有改进，而绩效考核的结果是人人都得高分，就应该从技术方面检讨：KPI指标的提炼是否反映出经营目标体系的内在逻辑？量化考核技术的应用有没有体现考核结果的客观与公正？绩效计划的下达与绩效数据收集的口径与公司经营目标的分解是否相对应？

绩效管理正确的观念之一是：企业需要有英雄式的领袖。

苏州电子行业领域知名企业B公司，总经理曾担任行业中不同公司的领导职务，所到之处都非常重视员工绩效评价体系的建立，推行基于平衡计分卡思想的关键绩效指标考核。他组织副总经理、财务总监、供应链总监和人力资源部门核心人员参加“绩效100工程”方案班，并且亲自督办绩效管理体系的落地实施。

副总经理在参加课后辅导座谈会上说，总经理是一位英雄式的领袖，善于用“对等法则”与各业务单元和职能部门的负责人逐一讨论和确认年度经营目标。一旦双方取得共识，就按照“责－权－利－能”四位一体签订目标管理与绩效考核责任书。

绩效管理正确的观念之二是：“绩效不是考核出来的，而是干出来的。”管理者的任务是“面对事实，解决问题”。

C公司是一家集医用净化工程、医疗器械、医疗物流传输和医用信息化于一体的多元化产业集团，专业从事高标准净化手术室系统设计、制造及安装。该公司在使用“八方管控”的工具方面取得了明显的效果。

过去，C公司技术方案常常遭受医院方的投诉。如何让招投标部、技术部和销售部协同作战以确保甲方对技术方案提交的进度与质量满意？C公司用“八方管控”工具提升团队作业效率，通过“规划、拟订、执行、协助、督导、维护、评估和决策”八个角色的落实管控，最终产生结果。营销中心人力资源经理在分享中谈道，自从用了“八方管控”工具后，“互相扯皮、职责不清、一件事两个人在干、高层在做中层的活儿、中层在做基层的活儿”这些管理效率低下的情况得到了改善，并且用数据说明了这一结果：该公司项目营销的销售收入较上年同比增长80%。“八方管控”功不可没。

绩效管理正确的观念之三是：经营使企业做大，管理让企业做强。

D公司是一家广西的木材加工企业，公司董事长意识到目标管理和绩效考核非常重要，率领团队参加了“绩效100工程”的系统学习。董事长在参加第一个阶段学习之后，就把“6权分立”的方法用在公司的权责划分上，取得了一定的成效。三个阶段学习结束之后，作为总训练师的我出差广西时，顺便回访了这家企业。我发现这家企业销售收入与投资规模占比相对很高，公司处于高负债和亏损状态。我立即意识到，公司在经营上出现了严重的问题，瓶颈出现在生产产能严重过低上。如果按部就班地将绩效管理体系全面落地，不仅解决不了产能过低的问题，而且会引起人心不稳。所以，我不建议从绩效管理入手，而是从解决生产问题入手。经营与管理的区别在于：管理追求效率，投入“多”的资源“快”速完成任务，着眼于“多”和“快”；经营追求效能，用“好”的策略节“省”资源获得经营成效，着眼于“好”与“省”。在企业活动中“管理”不能大过“经营”，打个比方，如果尚没有决定要去什么地方，先选择什么样的路线和交通工具都是白搭。因此，C公司要把经营的重点落实在提高单日产量上，把“5T周计划”和“4定日结果”作为每一位管理者提升自我管理效率的手段，用“八方管控”的手段落实生产系统各级管理者的责任，用“资源使用表”寻找提高产量的突破口，用“绩效辅导7步法”确定新的措施。

关键二：绩效管理落地的目标——在于创造客户价值，不在内部变革

管理大师彼得·德鲁克说，企业存在的理由就是创造客户的价值。所以，绩效管理所做的工作也就是创造客户价值。很多企业在推行目标管理与绩效考核的时候，只着眼于在企业内部打破“干好干坏一个样”的格局。实际上，推行绩效管理可能会带来一场企业内部的变革，人们不反对变革，却害怕变革动了自己的既得利益，以及不愿意改变原有的行为习惯。

绩效管理落地要实现的第一目标是：交付文化和协同文化并行。

E公司是一家石油深加工的企业，公司用高薪引进了一位技术副总，但总经理对他的工作不满意。于是E公司管理层想通过绩效考核，对他起到督促作用，同时通过绩效考核调整其薪酬。E公司的想法是想让其他领导知道，你们觉得技术副总工资报酬高，心里不服气。可是现在实施绩效考核了，如果他的绩效考核能得高分，那么他就应该多拿。E公司同时也想告诉技术副总，公司对于你目前的工作成效不是很满意，但给你的收入挺高的，通过绩效考核按照结果买单才是王道。如果技术副总的考核方案设计的着眼点，仅仅是在企业变革中找到一个技术副总作为当事人和他人都能接受的薪酬与绩效的最佳平衡点，那这个问题就不能从根本上解决。因为薪酬水平是由岗位价值决定的，每个岗位的任职者拿多拿少是由人的绩效结果决定的，而不是与他人薪酬比较得出的。

这才是对薪酬与绩效本质的理解。但由于每人看问题的角度不同，理解也可能不同，往往是，处于不同岗位的管理者如上面提到的技术副总与其他管理者双方都无法接受。其实，解决这个问题的根本就是要让技术副总的着眼点放在为客户创造价值上。这里的客户有内部与外部之分，对于外部客户而言，我们要促成技术副总在为客户提供产品和服务时创造新的价值；对于内部客户而言，我们要敦促技术副总为生产、采购和其他内部部门创造价值。对外部客户而言，企业要倡导交付文化；对内部客户而言，企业要倡导协同文化。因此，为使技术副总在交付文化和协同文化中贡献更多的价值，企业要创造更多条件和提供更好的平台，这才是解决问题的根本所在。

绩效管理落地要实现的第二目标是：不要以职能为导向，而要以流程为导向。

医药流通企业F的管理者表示，公司是以业务为导向的销售公司，后勤支持部门的绩效指标很难与公司经营指标对应，后勤支持部门不能主动解决公司运作的问题。

一家花盆企业D的总经理反映，该公司绩效考核结果一般会出现业务部门分数低、支持部门分数高的现象。这样，业务部门会觉得我们在前方拼死拼活，你们在后方守护家园，怎么考核结果悬殊就这么大呢？D公司也在反思绩效考核的指标是不是合理。

其实，要解决F公司和D公司的问题，他们共同要做的事情就是梳理业务流程，分析每一个流程中的子环节，按照产出、时间、质量和投入量化四个要素建立任务目标，这叫作定向分析“4要法”。然后，每一个任务都要定义它的结果，从数量、节点、占比和频次中取一个最恰当的样本进行量化，这叫作取样分析“4维法”。每一个任务的目标数值应该完成多少，应该从倍速增长法、战略倒推法、投入回报法、标杆法和对等法中确定依据，这叫作目标值确定的“5种依据”。用上述的“445”体系设计基于业务流程的经营目标体系，可以进一步形成全公司关键绩效指标库。接下来，按照每个岗位的定位用责任勾选的方式将绩效指标分解到岗位。

这样，每个岗位的绩效指标都来自于公司经营目标体系，每个绩效指标都来自创造客户价值的业务流程，指标之间本身就是既相互依赖又相互独立的。因此，实现自己岗位的目标就是对达成公司目标最大的支持。

绩效管理落地要实现的第三目标是：不要片面追求结果导向，而要追求因果导向。

G公司是一家纸制品印刷企业，公司董事长兼总经理带领管理层参加“绩效100工程”的系统训练，课程每个阶段都会安排学员课后完成方案设计任务。副总经理却说，学员回到各自岗位后，日常工作都很繁忙，抽不出时间参与小组方案讨论。

通常，企业都会提倡结果导向，老板口口声声对员工说：请给我结果！如果用在G公司身上，那就是你们已经学习了这么多的方法，请完成课后布置的作业。其实每一种结果都要有动因，你要结果之前，就要建立激活这种动因的激励机制。

诚然，每一位管理者学习结束之后都要结合企业实际将所学到的转化为自己所能运用的。他们将要打两场战役，一场是完成本职日常工作，一场是完成绩效方案设计工作。如果认真分析起来，日常工作忙有一部分原因就是自我管理与团队协作出了问题。课程本来就有这些问题突破的方法与工具，磨刀不误砍柴工，打第二场战役也是帮助企业打赢一场长期战役。

作为企业领导人，要确定新的游戏规则以激发管理层的斗志。如果强调绩效方案设计这场战役的重要性，就可以让管理层充分授权给下属，或者用职位代理制暂时摆脱管理层被日常工作拖累的局面。

关键三：绩效管理落地的桎梏——在人的内心，不在外部压力

H公司生产、销售健身器材。自从引进了“绩效100工程”后，各岗位都确定了考核方案。一般而言，在绩效考核中存在一种效应，即考核什么，员工就会重视什么，公司就会得到什么。用什么样的方式考核，员工就会用同样的方式去重视。但是，H公司的管理者却发现这样的现象：在考核体系内的指标，员工才去执行；不在考核体系内的指标，员工就不去执行。

想做，却做不好，这是能力问题；知道，但不去做，这就是态度问题。因此，H公司解决问题的思路不能是强制逼迫员工做没有被纳入考核指标工作的问题，而是应该让员工从内心里接受知行合一的观念。

“知”是指科学知识，“行”是指人的实践。“知”与“行”的合一，既不是以“知”来吞并“行”，认为“知”

便是“行”；也不是以“行”来吞并“知”，认为“行”便是“知”。认识事物的道理与在现实中运用此道理是密不可分的。这也是中国古代哲学中认识论和实践论的命题。中国古代哲学家认为，不仅要认识（“知”），尤其应当实践（“行”），只有把“知”和“行”统一起来，才能称得上“善”。

任何经营行为者不得违反社会的一般道德标准，要符合做人的道理和社会的公序良俗。判断标准基于人类与生俱有的良心，衍生出最基本的伦理观和道德观。“不要撒谎、不要贪得无厌，要诚实、要正直……”这些最简单、最基本的人生规范，每个人都应遵守，并且也把它们作为经营企业的指南，这样经营起来就不会迷失方向，才能取得最后的成功。

关键四：绩效管理落地的条件——在逆境，不在顺境

J公司生产机电设备，月产能为21台。今年的订单多，每月供货数量达30台，供不应求。通常，同行批量交期是60天，而J公司的批量交期长达90天。

客户不仅关注价格和质量，也十分关注交期，如果交期不能缩短，市场份额也很难长久保住，客户也可能将订单转投给竞争对手。为了提升产量，缩短交期，J公司决定扩大生产队伍，可是招聘工作不是很理想，人员迟迟不到位，就这样眼睁睁地看着到手的山芋却烫了手。J公司如何才能突破经营的瓶颈呢？

如果用过去的方法执行新的任务显然只能得到过去的结果，因此必须重新树立目标，影响公司生存与发展的每个工作环节都应该设定目标。首先，我们要解决找人难的问题。如果责成人力资源部门在规定时间内制定出一套有吸引力的计件工资制度，那么社会上的人才就很容易动心。如果为设备维护部门设定装备技术改良的目标，那么就有可能扩大产能。如果把员工技能培训方面的目标管理落实到培训部门，那么人均产能就会提升。因此，不是方法决定目标，而是目标确定方法。

K公司专业从事石油深加工。公司推行目标管理与绩效考核，对中基层人员实行月度考核，对高层人员实施年度评估。员工普遍感到困惑：既然公司实施月度考核，为什么高层又能游离于考核体制之外？有些高层则认为，目标都分解到中层人员身上，中基层的任务完成了，高层的目标也就自然达成了。

后来K公司意识到这种认知错误。他们采用了“绩效100工程”课程中的“对等法则”来纠正这一错误的认知，进一步说明，如果高层管理者没有为中基层扫除执行任务的障碍，那么中基层就无法完成他们既定的任务目标，因为大部分资源分配的权限在高层人员的手中。高层人员与中基层人员在目标达成中的责任是对等的，应该共同承担100%的责任。

其实，实施“对等法则”有一个关键点是，上司要把为下属扫除障碍的任务纳入自己的工作计划，并且接受下属的绩效考核，下属的期望值就是考核上司的目标值。这样，K公司就能设计出真正意义上的高管月度绩效考核方案了。

关键五：绩效管理落地的时机——在突变的小概率事件，不在当前潮流中

L公司主营业务为生产健身器材，在推行绩效管理的过程中，大部分管理者觉得绩效考核没有作用，也太烦琐，担心影响他们的正常工作。

有一次，经销商退换货比往常频次增加很多，个别品类出现了库存积压，此现象引起了公司高度重视。经过调查分析，发现问题出现在委托外部协作工厂加工的零部件上。原来，由于产品销售势头好，外部协作工厂零部件的验收就没能像以前那样严格，对某些问题睁只眼闭只眼，不合格品就流入制造环节，造成产品性能不稳定。

退换货给公司带来了120万元的直接损失，这也称为“失败成本”。失败成本就像剪刀口，要想缩小，

就得从剪刀的两个手把儿用力：一是投资预防成本，拿出一笔资金对于绩效好的员工进行奖励；二是建立监督体系，设计绩效管理方案，用目标管理与绩效考核的方式将责任落实到相关人员身上。

为此，L公司设计了一项指标“外部协作工厂零部件验收一次合格率”，第一个批次的目标是85%，接下来第二批次、第三批次、第四批次的合格率目标分别是90%、93%和95%，用循序渐进的方式改善这项绩效目标。在采购作业流程上，有三个岗位的工作分别对这项考核指标有影响，分别是质量部质量工程师、仓储部进料检测员和采购部采购经理，因此这三个岗位都要对这一指标负责。

由于把上述三个岗位的考核结果与绩效奖金相链接，三个人协同作战，连续四个月取得了好的绩效。因此当初反对绩效考核的其他人员逐渐改变了态度。

所以，企业要借助小概率事件，抓住时机进行调整，将绩效管理落地。

M公司为医院提供手术室净化工程服务，依靠投标获得业务。有一次，M公司向老客户提交技术方案时遭遇到客户重大投诉，客户对于技术方案的提交进度和方案的质量都不满意。好不容易建立起来的客情关系受到严峻考验，公司在考核市场份额和老客户的续约率两项指标时自然就不尽如人意。

M公司高管通过掌握的“八方管控”工具对此进行了调整。公司将每个技术方案的责任人锁定为一名执行经理对中标的结果负责，并且明确了其他协助者的分工。在方案的拟订和预算的维护及技术方案的确定方面都有了时间节点要求，并且有人对整体规划、进度督导和决策风险负责。因此，M公司在项目投标中对“执行、协助、拟订、维护、评估、规划、督导和决策”八个方面都进行了有效的管控，从而在业务开拓方面取得了好的绩效，第一季度的业绩与上年同比增长80%以上。

关键六：绩效管理落地的动力——在于打破旧机制，不在考核评估里

N公司是一家集钢结构工程设计、施工、维护于一体的建设单位，没有明确的绩效数据，考核的客观性不够，主观性较强。员工觉得考核的结果缺乏公平与公正，公司也没有真正将考核结果链接工资发放。长期以来，目标管理与绩效考核流于形式。

对于N公司而言，推行绩效管理最大的障碍就是绩效数据的收集。如何将绩效数据收集变成例行的工

作呢？N公司推行了一项变革：数据化管理，并为此展开了以下五项具体工作。

1. 加强IT规划，从ERP（企业资源计划）和CRM（客户关系管理）信息化建设中落实数据分析和挖掘工作。

2. 明确各部门对公司关键绩效指标完成值的统计职责，并把数据收集的及时性和准确度列入考核之中。

3. 提升每个员工的自我管理水平，推行周计划和日结果的提报，把计划报表中的目标值与结果报表中的完成值的量化维度统一起来。

4. 加强工作日志管理工作，把绩效数据收集与岗位工作日志的填报统一起来。

5. 对公司职能部门为员工提供服务的满意度考核转化为问卷调查，通过统计分析得出绩效数据。

由于上述五项数据化管理的推行，N公司不仅在管理文化上表现出精细化管理的特征，绩效考核中的分值计算也获得了强大的数据支持。

P公司是发展了近50年的老国企，员工收入由工资+奖金+绩效奖金组成，这个结构里的“奖金”是每个月无论员工工作干得好坏都如数照发，等于是变相的工资。如何能改变员工收入结构，变为固定工资+绩效工资？管理层面临改革的压力。

P公司首先用岗位评估系统将公司每个岗位的价值按照职责范围、工作复杂性和工作的难易度等7项评估维度进行了“要素计点法”评估。根据这种评估的结果，P公司确定了新的职务称谓系统和新的薪酬职等职级表，让全员重新竞聘上岗，推行月度绩效考核，启动新的薪酬激励体系。一种全新的激励机制终于打破了旧的分配体系。

也许，每家企业在推行绩效管理中会碰到这样或者那样的问题，但是如果通过上述案例认真思考、学习，就可以找到突破瓶颈的方法。虽然不能复制绩效领先企业的文化，但却能从其共通特征中提炼成功所需的个性因子加以学习借鉴，以解决自身存在的问题。我们也不能完全避免改革中的不完善之处，但却能从失败者的教训中学会如何做到正确地选择。

第三章

量化机制，保证任务完成度

余额控制量化

通常，领导布置任务给下属，检查任务完成情况时，惯性思维是检查下属做了多少而不是关注余额还剩多少。余额控制量化打破了这一惯性。领导允许下属将任务尽量细化成具体的、容易做出结果的工作，在考核下属每个阶段的执行力时，以及任务完成情况时便可以围绕剩余的工作量进行。

年初，某集团公司总裁谭总给行政部经理小谢交代了40件事情。到了年底，总裁竟然发现行政部经理每件事都没完全处理好。

行政部经理小谢认为，总裁交代的事情比较宏观，他安排的一件事执行的时候可能是几件事。比如，有一次谭总让小谢筹办幼儿园，解决集团职工子女入托难的问题。小谢认为这件事至少包括5件事：一是统计和分析集团职工子女入托的现状和需求；二是做一份幼儿园预算；三是与设计院沟通幼儿园设计方案；四是对外招聘幼儿园老师；五是策划幼儿园招生。谭总考核的时候，小谢认为第一项和第三项她都在做，不能说她没有在这件事情上去执行。小谢还认为，自己兼职太多，行政工作千头万绪，自己分身乏术。她觉得自己工作高负荷运转，每天都吃力地干活，还不讨上司的欢心。所以，小谢对谭总评价她执行不力感到不服气。

行政工作看似很难量化，其实是可以量化的，只不过是不能由下达任务的人界定任务数量，应由执行者根据界定事情画上句号的状况统计任务数。这样，当初谭总交代给小谢的 40 件事情，小谢就把它们重新分解成 100 件事情了。

接下来，小谢通过甘特图把这 100 件事情按照时间轴和工作轴表示出来，做成 12 个月的工作计划表，用 A4 纸打印出来共有 17 页。工作计划做好了，总裁每月检查她的执行情况即可。

如果总裁希望行政部经理完成 10 件事情，那么对于总裁交代的 100 件事情就只留下 90 件事情。每个月设定目标任务余额，检查完成情况。比如一开始的时候有 100 件事情等着她去执行，第一个月目标余额为 90 件，如果小谢完成了 15 件，实际余额应为 85 件，那么，根据下面余额控制量化公式，可以计算出小谢的执行力表现值。

执行力表现值=［1-（实际余额-目标余额）/目标余额］×100%

第一个月小谢的执行力可以根据公式计算得出，执行力表现值=［1-（85件-90件）/90件］×100%=105%。小谢的执行力超过预期5%了。

如果小谢第一个月只将100件事情中的5件事情画了句号，则实际余额95件，目标余额90件，则小谢的执行力表现值=［1-（95件-90件）/90件］×100%=94%。小谢的执行力打了6%的折扣了。

假设谭总与小谢约定，用余额控制量化考核小谢的执行力，执行力的表现值每增加1%奖励200元，反之扣罚200元。那么，按照谭总要求，第一个月完成100件事情中只能余额90件的情况下，小谢执行这项任务余额为85件时获奖励为1000元，余额为95件被罚1200元。谭总如果事先明示奖惩规则，那么小谢的执行意愿度就会不一样了。

事实上，案例中小谢第一个月就将15件事情画上了句号，余额只剩下85件了。第二个月，谭总希望小谢将余下来的85件事情中的10件事情画上句号，那么目标余额就应该是75件了，如果小谢不想被惩罚，那么她就应该将实际余额控制在75件以下。这样，每个月都采取这种方法循环考核小谢的执行力表现值，结果小谢只用了9个月的时间，就完成了99件事情，只有一件事一定要到年底才能去做，那就是集团的年终总结大会的筹备工作。

用余额控制量化公式来考核未完成的工作，建立奖惩

机制可以敦促执行者画句号的行动。有个学期我将这种方法用于培养孩子学习的主动性，效果很好，所以值得在此向读者推荐。

我了解到孩子暑期的一个愿望是去香港迪士尼乐园玩三天，于是便让他把每周老师布置的作业和课外自学的任务及锻炼身体等全部界定为一项项任务，并且制订“学习周计划”。我每周设定100分考核孩子学习的主动性表现，用下面所示的余额控制量化公式来计算得分：

学习周计划表现得分=［1-（目标余额-实际余额）/目标余额］×100分。

那个学期一共有20周，我跟孩子商量，如果他每周累计得分提前超过2000分，那么迪士尼三日游的愿望就可以实现了。结果，第18周的时候他提前完成了整个学期的计划。我不仅看到孩子开心地从迪士尼旅游归来，而且还看到了他学习主动性的明显提升。

余额控制量化方法还适用于生产管理。

“余额控制量化计算公式真神奇！”谢先生如此感叹。谢先生是四川某耐磨材料公司的副总经理，是余额控制量化技术的践行者。有一年，该公司将坐落在广元市的一间工厂的设备搬到大邑县，公司计划10

天内完成搬迁。负责此次工厂搬迁的谢先生任总指挥，他把每天每个小组的工作细分成很具体的任务，用余额控制量化技术考核他们的执行力。结果，只用7天就完成了厂房搬迁。

上海某仪器公司董事长谢伟民也是一位余额控制量化技术的拥趸者，他每半年盘点一次全公司各部门未完成事项，委派一名总督导跟进，让总督导制订工作计划，用余额控制量化公式考核总督导的跟进力度。结果，全公司工作任务清零行动很快完成。谢伟民先生把余额控制技术应用在“工作任务大扫除”上，有效地提高了公司管理效率。

余额控制量化技术使难以量化的工作得以分解量化，让员工更加明确自己的工作目标，让员工在具体工作中看到自己的差距和成就，提高了工作效率。

顺向标准差量化

顺向标准差量化考核技术是鼓励完成任务的数量越多越好，把实际完成与事先设定标准进行对比分析的一种计量方法。这项量化考核技术如果运用得当，对于任务执行者是一种很好的激励。

某地产是一家从事房地产租赁的中介机构，他们规定：向租户收取的中介费相当于房屋1个月的租金。一般来说，中介经纪人的佣金是中介费的20%。但是，租户往往要求降低中介费，不然，有些租户会去竞争对手那里寻租。花了好大力气接待、陪同看房，经纪人可能面临煮熟了的鸭子突然就飞了的情况。

“如果您真心诚意想要我们这套房源，本来按行规中介费为一个月租金，您要优惠我实在做不了主，要不您稍等会儿，我打电话请示一下主管？”一般来说，中介经纪人为了稳住客户协调买卖双方，都会向主管申请中介费折扣。一位掌管三十多家门店的主管邓先生有时一天要接几十个这样的电话。如果给不同的租客不同的中介费折扣，不仅违背了公司制度，影响公司收入，而且，每笔中介佣金不同，就无法做到业务员都拿到20%的佣金。于是，公司出台了非常复杂的考核制度，大家执行起来都满腹牢骚。

怎么办呢？有没有一种更简单的方式，不改变原有20%佣金提成的前提下，不仅能让经纪人自己决定给予租客的中介费折扣，而且又能体现由于每笔中介业务对公司收入的贡献不同，经纪人所得到的收入机会也不同呢？

笔者建议采用顺向标准差公式：（2B–A）×C来解决这一问题。其中，A为中介费，B为业务员实际收入的中介费，C为业务员提成比例。假如某一笔中介费A=3000元，门店业务员实际收到客户中介费B=3000元，业务员提成比例规定C=20%，则业务员佣金=（2×B-A）×C=（2×3000元-3000元）×20%=600元。

假如业务员实际收到租客中介费B=2000元，则业务佣金=（2×2000元-3000元）×20%=200元。

假如业务员实际收到租客中介费B=4000元，则业务佣金=（2×4000元-3000元）×20%=1000元。

这样，提成比例不变,但其中增加了一个（2×B-A）业务调节杠杆，经纪人员不仅心态比较平稳，而且还能领悟成交价的不同对公司贡献不同的含义，既强化业务人员对价格政策执行的力度,又能灵活应对竞争。从此，业务主管邓先生不需要每天处理经纪人的请示，他们自己就能做决策。每一个决策，经纪人都会思考，试图在客户满意、自己和公司利益保障及保证业务不流失之间找到一个平衡点。这也符合决策的一个原则：**谁接近事实，谁对决策最有发言权。**

这里有一个问题值得提出来，如果实施（2B-A）×C这一顺向标准差量化考核工具计算业绩奖金，公司有收入，但业务人员没有奖金，会不会引起业务人员不作为而造成业务流失现象呢?

经纪人小王曾接待过一位委托租赁业务的客人。客人是一位外资品牌化妆品的区域经理，奉命来杭州建立办事处。客人对小王介绍的一套自住公寓很满意，本来中介费应该收取5000元（A），可是客人执意只支付1500元中介费（B）。如果按照20%佣金（C）来计算小王的收入，用顺向标准化来计算：（2B−A）×C=（2×1500元−5000元）×20%=−400元，这样小王不仅不能拿到佣金，还要自掏腰包为这笔业绩倒贴400元。也许有人想：只有傻子才会这么做。可是，此时小王不仅脑子里很快就计算出上述结果，接下来小王的表现更让人佩服。“先生，如果按照您的要求我会接受公司考核机制的惩罚，这个月我可能要风餐露宿了。”小王使出了苦肉计。“不过，我现在考虑的是如何为您提供满意的服务。如果您公司在杭州的办公楼和仓库租赁业务也委托我们公司来办理，我愿意接受您公寓1500元的中介费。”客人很爽快地答应了。这时小王又不失时机地补充了一条关键的心理契约：“不过，到时候我们为您提供委托租赁服务的中介费就公事公办。”客人尴尬地笑了。

这就是合理的激励机制所产生的效应，虽然通过（2×B−A）×C这一顺向标准差量化公式计算，小王明知道自己眼下会吃亏，但他依然没有放弃业务，因为他清楚：没有暂时的牺牲，就没有长远的利益。

顺向标准差，这一量化考核技术可以用于企业的很多关键绩效指标的考核，比如销售净利润率、成本利润率、总资产周转率、应收账款周转率、存货周转率、材料周转率、成品周转率、成品合格率、半成品合格率等，所以用（2B-A）×C考核会对被考核者产生激励作用。

反向标准差量化

顺向标准差量化考核技术是指鼓励完成任务的数量越多越好，把实际完成与事先设定标准进行对比分析的一种计量方法，既然这项量化考核技术命名为“顺向标准差”，聪明的读者一定会猜到另一种考核方法叫作“反向标准差”。“反向标准差”量化考核是指鼓励完成任务的期限越短越好，把实际完成与事先设定标准进行对比分析的一种计量方法。这两项量化考核技术如果运用得当，那么对于任务执行者都是一种很好的激励。

一般来说，企业对业务员的激励机制采用的是提成制，即业务提成=销售收入×提成比例。比如某企业的甲乙两位业务员销售回款均为200万元，如果提成比例是3.5‰，则两个人的业务提成分别是200万元×3.5‰=7000元。但，如果甲回款时间是50天，乙回款时间是20天，公司规定回款期30天，那么这两个人拿一样的收入就不公平了。回款期短的业务员要比回款期长的业务员贡献大，提成应该多。什么样的计算方式能让回款期短的业务员拿多些提成呢？

我们可以设计一个“绩效调节杠杆”，确定一个新的激励机制。假定公司给客户规定的回款账期称之为A，客户实际回款账期称之为B，提成比例称之为C，那么下面的公式将会改变游戏规则：业务提成=销售收入 × 提成比例 ×［（2×A−B）/A］。

业务员甲提成=200万元×3.5‰ ×［（2×30−50）÷30］=7000元×0.33=2310元。

业务员乙提成=200万元×3.5‰ ×［（2×30−20）÷30］=7000元×1.33=9310元。

这样的“绩效调节杠杆”能让业务人员关注现金流对于经营的影响，完整理解销售行为——销售不仅要把产品卖出去，同时要把货款按照公司规定收回来。应收账款账期的控制将影响公司资金周转的效率，这就是反向标准差量化考核技术的应用效果。

某家企业规定给客户的账期是30天，提成比例是3.5‰。业务员小毛想办法让他联系的一位大客户提前10天把货款打进公司账户，他翘首以待月底时公司用反向标准差量化考核技术来计算业务提成。

按照反向标准差量化考核技术，业务员小毛的业绩提成应该是 200 万元 ×3. 5‰ × {[2×30-(-10)] ÷ 30} =7000 元 ×2. 33=16310 元。结果财务总监认为，不用这种方法考核小毛，公司应该发给他 7000 元。财务总监还将此事报告了董事长，由董事长定夺。了解此事原委后董事长沉思片刻，说道："我认为小毛应该多拿 9000 多元，他提前 40 天把客户 200 万元货款放在咱们公司账上，如果大家都能这样，那公司的发展肯定会很好。"

用绩效调节杠杆这一机制来评价业务员的销售任务完成和回款账期的控制情况，有利于改善公司的资金运营效率，提高销售人员的工作积极性，也很好地体现了公司强调什么就要考核什么的原则，从而激发起业务人员的重视，进而使公司的现金流较之前有了很好的改变。

下面要与大家分享一个企业用反向标准差量化技术考核业务员货款催收的案例。

小宋是一家建材公司的区域经理，经销商张老板逾期账款达十几万元。连续两个月，小宋催收货款都没有成功，公司用反向标准化量化技术考核该项绩效指标，使他的提成损失了几千元。小宋不堪其苦，眼看绩效考核的日子快到了，他决定亲自上门催收账款。

“呵呵，小宋你来啦！真不巧，我丈母娘家出了点事儿，正要出门呢。”小宋刚到张总家楼下。“张哥，我不是故意来等您的，”小宋很无奈地说，“公司的考核制度实在是很严，我这两个月就因为你的余款未到账，被扣了几千元工资。”

张总感觉这次如果在货款支付上不给小宋一个交代，不仅面子上过意不去，而且很可能还会被厂家中断供货。“要不这样，我今天先支付一半，但我实在抽不开身办理转账。要不我开张现金支票，你自己带上身份证去银行取现。你看这样好吗？”老张从公文包里掏出了支票夹。按照公司规定，业务员是不能收取现金的，小宋先是条件反射般地拒绝了。“张哥，要不这样，您就开张10万元现金支票吧。”但小宋又很快改变了主意。

小宋去银行取现的时候，意外的事情发生了。银行工作人员告诉小宋，由于客户开户行的余额不足，这笔钱不能提现，除非重新开具现金支票，调整取现额度。“小宋，真的不好意思，因为赶得急，把账户余额这事儿给忘了。”老张得知后非常不好意思，“小宋，要不这样，我现在已经去丈母娘家的路上了，好几天才回来呢。那笔货款我保证下个月一次性汇到你们账户上。”此时，电话这头的小宋已经不知怎么回答了。

看来这个月的考核又要接受反向标准差量化考核技术的拷问了。

小宋手里攥着那张不能承兑的支票，茫然地在银行营业厅里走来走去。当他的视线飘过自动柜员机的时候，脑海里突然灵光一闪："张哥，麻烦您把账户余额告诉我。"小宋焦急地催着张老板。"92000 元。"听到这个数字后，小宋连忙掏出自己的储蓄卡，从自动柜员机上取出 8000 元。"请把这 8000 元存入这张支票的账户里。"小宋从容地看着银行工作人员。等工作人员办理存入手续后，小宋问："现在可以帮我办理这张支票的取现手续了吗？"显然，小宋如愿以偿了。

每每与人谈起那段追收账款时有惊无险的一幕，小宋总是发出这样的感慨：人如果不被逼，就不知道自己到底有多优秀。

其实，反向标准差量化考核技术不仅适用于考核应收账款账期，还可以考核物料损耗率、销售折扣控制率、库存账实之差和制造费用率等指标，而这些指标都会影响企业资产周转率。

强制百分比量化

强制百分比量化是在优劣比例确认的情况下，将完成任务中的不同个体强制排名的一种计量方法。

某公司每个月对7个一级部门经理的考核中，有一项共同的指标“部门协作精神”，由总经理根据他们的表现打分。考核采取定性给分的方法：优秀5分、良好4分、达标3分、一般2分、较差1分。

有一次，总经理邓先生在月度考核时，觉得生产部王十京经理本月“部门协作精神”方面表现不佳，开会时经常把问题产生的原因归咎于其他部门，销售和技术部门用“内部联系单”书面陈述生产部需配合事项，可是王十京经理不但不及时回复，而且还会推诿。

于是，邓总在“部门协作精神”方面给生产部王十京经理评了2分（如表3–1所示）：

表3–1 部门协作精神考核表一

优秀	良好	达标	一般	较差
张三经理 李四经理	陈一经理 刘二经理	赵六经理 钱七经理	王十京 经理	
5分	4分	3分	2分	1分

生产经理王十京得知自己“部门协作精神”方面考核丢了3分，很不高兴。他质问总经理邓先生“为什么张三和李四在部门协作精神方面得了5分，可是我只得了2分？难道张三李四比我王十京要好2.5倍吗？”

看见邓总愣在那儿没有作答，王十京经理撂下这样的话：“邓总，你是左边眼睛看我不顺眼，还是右边眼睛看我不顺眼？你就随便说吧！”哭笑不得的邓总经理只有仰问苍天：这到底是为什么？

王十京经理认为总经理对他的评价有失公正。那么，有没有一种好的方式，既能公正评价又能让被评估对象欣然接受评估结果呢？当然有。

第1步：把二级部门主管共13人也纳入“部门协作精神”，这样使考评人数增加到20人。

第2步：总经理不直接给每个人评分，而是判断上月公司“部门协作精神”整体表现：

（在下列选项中只选一种选项）

□不满意　　□一般　　□满意

第3步：事先采取“强制百分比”的方式，定义整体“部门协作精神”不同表现时“优秀、良好、达标、一般、较差”的不同占比分配。规则如下：

情况一：总经理认为整体部门协作精神不满意时，用正态分布的方法确定同等级“协作精神”的名额配比（如表 3–2 所示）。

表 3–2　强制百分比量化表一

优秀 10%	良好 20%	达标 40%	一般 20%	较差 10%
2 个	4 个	8 个	4 个	2 个
5 分	4 分	3 分	2 分	1 分

情况二：总经理认为整体部门协作精神一般时，取消上面表格中配比“较差 10%”，并追加到“优秀”里；取消上面表格中配比“一般 20%”，并追加到“良好”里（如表 3–3 所示）。

表 3–3　强制百分比量化表二

优秀 20%	良好 40%	达标 40%
4 个	8 个	8 个
5 分	4 分	3 分

情况三：总经理认为整体部门协作精神满意时，取消上面表格中配比“达标 20%”，并追加到“优秀”里（如表 3–4 所示）。

表 3–4　强制百分比量化表三

优秀 60%	良好 40%
12 个	8 个
5 分	4 分

第 4 步：让 20 个评估对象互相对照“部门协作精神”的标准，把包括自己在内的 20 位被评估者的表现自上而下排座次（如表 3–5 所示）。

部门协作精神标准：

①处理问题时首先从自身出发，找出本部门症结所在；

②回复内部工作联系单在 24 小时之内提交结果；

③完成自己岗位职责同时善于做分外的事情；

④没有个人短期利益的牺牲，就没有团队长期利益的存在；

⑤真诚付出，不索回报。

表 3–5　强制百分比量化表四

名次	姓名
1	
2	
3	
……	
19	
20	

《部门协作精神互评表》的使用。

具体做法是把你认为符合协作精神 5 条标准中最好的人的名字填写在顶格，最不好的人的名字填写在底格。接下来从剩下来的 18 人中将符合协作精神 5 条标准的最好的那个人的名字填写在第 2 格，最不好的那个人的名字填写在倒数第 2 格。以此类推，每一格只能填一个人的名字。

接下来，将 20 张《部门协作精神互评表》收集起来，按这种游戏规则赋值：当一个人的名字出现顶格时积 20 分，出现第二格时积 19 分，出现第三格时积 18 分。以此类推出现在倒数第二个格时积 2 分，出现底格时积 1 分。最后将每个人的“积分”加总后排名，张榜公示（如表 3–6 所示）。

表 3–6　某月部门协作精神总排行榜

名次	姓名
1	张三
2	倪飞
3	陈一
4	刘二
5	李四
6	如月
7	小强
8	和平
9	赵六
10	翁王

（续表）

名次	姓名
11	潘莲
12	秦义
13	舟子
14	元音
15	钱七
16	康庄
17	宋之
18	宝丰
19	鳌亲
20	王十京

如果总经理认为本月整体“部门协作精神”不满意，那么20个部门主管以上管理干部的评分情况如表3–7所示。

表3–7　部门协作精神考核表二

优秀10%	良好30%	达标30%	一般20%	较差10%
2个 张三/倪飞	6个 陈一/刘二/李四/如月/小强/和平	6个 赵六/翁王/潘莲/秦义/舟子/元音	4个 钱七/康庄/宋之/宝丰	2个 鳌亲/王十京
5分	4分	3分	2分	1分

这样一来，即使王十京不服气，质问总经理为什么这个月部门协作精神只得1分时，总经理就可以这样回应：

“这个分数并不是我给的，是包括你本人和其他19位主管民主评议的结果。你想要下个月在‘协作精神’考核上拿高分，就必须对照协作精神5项标准，‘说得到就要做得到，做得到还要让别人看得见’。”

强制百分比量化的特点，在于把定性的事情通过名次排定出结果的分值，体现管理者“考核结果，管理过程”的思维，激发组织成员不甘落后、赶超先进的热情。

不完全统计量化

不完全统计量化，是通过关键绩效行为分析，事先设立检查机制，将不合格项统计与抽查项总数进行对比分析的一种考核方式。不完全统计量化公式为：（1-不合格项目数÷抽查项目数）×100%×权重分。

我们先通过一个案例，来了解这种考核技术。

某企业供应部负责材料采购、仓储和物流配送，针对客户常常投诉收错货、收货不及时、缺货等情况，公司责令供应部经理整改发货工作，并对其设置“客户投诉”考核项目：出现客户因发货差错的投诉事件，倒扣1分。

实行此种考核一段时间后发现，发货员的责任心依旧没有改变，发错、漏发、延误的事件屡有发生，也就是说客户投诉并没有从根本上改变现状，由此，供应部经理的月度考核中“客户投诉”一项的得分往往被扣光（如表3-8所示）。

表3-8 不完全统计量化表示例

项目	权重	目标值	计算方法分
客户投诉	10分	零投诉	发生客户因发货差错的投诉事件，倒扣1分

“绩效不是考核出来的，而是干出来的。”如果发货员的行为没有得到改变，那么工作的结果也不会有多大的变化；再者，客户投诉针对的是发货，供应部经理理所应当承担领导责任。但绩效考核不是惩罚机制。“下属生病了，不能让上司吃药”，如果由于发货员工作的差错带来客户的投诉，那么这种“锅”不能由其上司即供应部经理来背。

于是，我们需要重新定义“考核”：由考核供应部经理的“客户投诉为零”转变为考核“发货员”关键行为合格率100%。发货员的关键行为分为：①交货期确认及时性100%；②备货准确率100%；③货运商承诺函完整率100%。并用“描述性语言”诠释目标达成的要求。

以上考核方法，我们称之为“不完全统计量化”，是指将抽查责任者执行任务中不合格项数与抽查批次对比分析的一种考核方式。这种考核技术的目标值与实际值是同时发生的，不完全统计量化方法制度责任者所有行为的绩效表现，该方法的计算公式可以统一为以下格式：（1– 不合格项目数 ÷ 抽查项目数）×100%× 权重分（如表 3–9 所示）。

表 3–9　重新定义后的不完全统计量化表示例

项目	权重	目标值	完成值	计算方法	得分
交货期确认及时性	10 分	100%（指标定义：订单收到后 24 小时内与客户确认交货期）	抽查 10 次，延期确认 3 次	（1–延期确认次数 ÷ 抽查次数）×100%× 权重分	7 分
备货准确率	10 分	100%（指标定义：每日需对照《产能分析表》及生产部《出货表》，并且在进仓前统一贴上《装箱单》与《出货单》）	抽查 100 批次，差错 0 次	（1–差错批次 ÷ 抽查）×100%× 权重分	10 分
货运商承诺函完整率	10 分	100%（指标定义：对于次日待发货，需货运商于每日 18：00 前回传盖章承诺函；并且需 3 次致电经销商确认货运商承诺函）	抽查 10 批次，遗漏发送货期承诺函 1 次	（1–遗漏发送货期承诺次数 ÷ 抽查次数）×100%× 权重分	9 分

企业通过该检查机制的建立，折射出“执行力是检查出来的”管理法则，使得人们对于在完成任务中重视细节的意义有了重新认识：“细节决定差错，系统保证不败！”

案例 不完全统计量化技术在“工程项目管理”中的运用

公司背景

某集团是一家多元化综合型产业控股集团，业务涉及建设工程、地产开发、高端装备制造、健康服务等领域，连续多年位列中国民营企业五百强前列。

该集团旗下建筑产业具有国家房屋建筑工程施工总承包特级和市政公用工程施工总承包一级资质 。一百五十多项工程分获国家“鲁班奖”“金杯奖”等建筑业重要奖项。

几年前参与某市“三建”改制，该集团整合了旗下所有建筑企业成立某市建工集团，并被国家建设部授予建筑施工总承包特级资质。

但是，并购后旗下的建筑工程企业纷纷出现不同程度的亏损。如何提高经营与管理水平、扭亏为盈成为集团高层的当务之急 。

实施方法

1. 某集团：不完全统计量化考核项目经理“项目过程管理达标率”（如表 3–10 所示）

表 3–10　项目过程管理达标率考核表

项目	权重	目标值	完成值	计算方法	得分
项目过程管理达标率	10 分	抽查合格率 100%		（1–不合格项目数 ÷ 抽查项目数）× 100% × 权重分	

2. 某集团采用检核表法确保工程项目过程管理“管到位”（如图 3–1、图 3–2 所示）

集团经营管理部联合安全质量监督部设督导员随机检查“项目要素管理”达标情况。工程项目 11 个要素：1 协调（组织协调）；4 控制（安全控制、质量控制、成本控制、工期控制）；6 管理（合同管理、技术管理、材料管理、机械设备管理、劳务管理、信息管理）。

组织协调	合同管理
安全控制	技术管理
质量控制	材料管理
成本控制	劳务管理
工期控制	机械设备管理
	信息管理

图 3–1　工程项目的 11 个环节检核

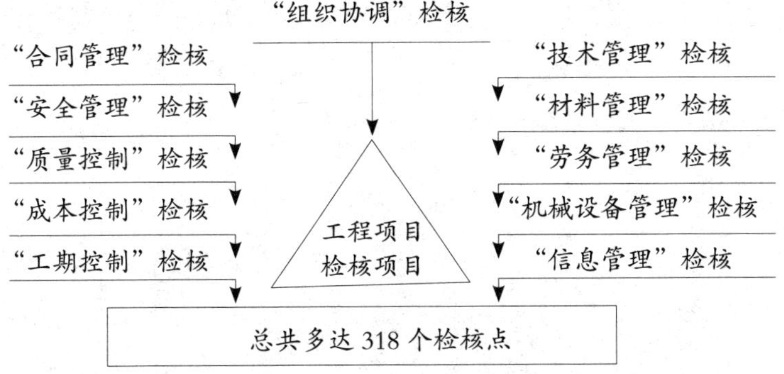

图3–2 过程管理"管到位"

实施原则：评价结果，检核过程

"动作到位了，结果迟早会更好！"

附表 工程项目的11个环节检核表

表3–11 "组织协调"工作完整性检核表

检核人：		年 月 日				
检评项目	检查内容	序号	检核点	是	否	备注
项目经理部的组建	审批手续	1	是否及时组建健全的项目经理部门组织	□	□	
		2	是否办理了项目经理部组建审批手续	□	□	
人员配备及持证情况	项目经理	3	是否对"项目经理"的资质进行核对	□	□	
		4	是否符合项目规模对于"项目经理"的资质要求	□	□	
	管理人员	5	是否为项目配备了足够的项目质量员、安全员及其他管理人员	□	□	
		6	是否做到了项目几大员持证上岗	□	□	

（续表）

检核人：		年　月　日				
检评项目	检查内容	序号	检核点	是	否	备注
	人才培养	7	是否为项目制订了书面的人才培养与发展计划	□	□	
	证照管理	8	是否将证照上交公司进行统一管理	□	□	
制度建设	项目经理责任制和管理岗位责任制	9	是否建立了项目经理岗位责任制	□	□	
		10	是否与管理人员签订《岗位责任书》	□	□	
	考核与监督机制	11	是否为项目人员确定了考核与监督机制	□	□	
		12	是否全面记录了考核与监督信息	□	□	
		13	是否实施考核结果奖罚	□	□	
培训	培训计划	14	是否制订了项目人员培训计划	□	□	
	人员培训	15	是否为项目人员组织了业务与技能培训	□	□	
合计						

表 3–12 “合同管理”工作完整性检核表

检核人：		年　月　日				
检评项目	检查内容	序号	检核点	是	否	备注
工程合同及总分包合同	工程合同及相关的招投标文件	1	是否有完整的工程合同（副本或复印件）	□	□	
		2	是否有完整的工程招投文件	□	□	
		3	是否有完整投标书	□	□	

（续表）

检核人： 年 月 日						
检评项目	检查内容	序号	检核点	是	否	备注
	项目经理及班子成员	4	是否理解和熟悉项目经理相关合同中各项条款	□	□	
		5	是否理解和熟悉班子成员相关合同中各项条款	□	□	
	合同交底、记录	6	是否有合同交底记录	□	□	
		7	是否有合同确认签字	□	□	
	总分包合同及合同条款	8	是否有总分包合同	□	□	
		9	是否在开工后签订总分包合同	□	□	
		10	是否有超出总包合同的内容	□	□	
内部各类合同	项目全额承包合同及各项管理规定	11	是否有项目全额承包合同	□	□	
		12	是否有严谨、齐全的全额承包合同	□	□	
		13	是否严格按照全额承包合同中的条款和内容执行	□	□	
	周转材料、机械设备租赁合同	14	是否有周转材料、机械设备租赁合同	□	□	
		15	是否有齐全、详细的周转材料、机械设备租赁合同内容	□	□	

（续表）

检核人：	年　月　日					
检评项目	检查内容	序号	检核点	是	否	备注
	人、材、物供需合同或协议	16	是否有人、材、物供需合同或协议	□	□	
		17	是否有齐全、详细的人、材、物供需合同或协议内容	□	□	
	各类管理人员的责任制或合同	18	是否有各类管理人员的责任制或合同	□	□	
		19	是否严格按照各类管理人员的责任制或合同执行	□	□	
合同履约及工程索赔、工程预结算	履行合同条款及合同执行情况	20	是否严格按照合同中每一条款执行	□	□	
		21	是否及时进行各项签证	□	□	
		22	是否有检查记录	□	□	
	项目预算编制及月成本核算	23	是否在开工后20天内及时完成预算编制	□	□	
		24	是否有月成本核算	□	□	
	合同管理	25	是否对施工合同进行动态管理	□	□	
		26	是否收集、整理、分析合同履行中的信息	□	□	
		27	是否合理、及时地调整合同相关动态条款内容	□	□	

（续表）

检核人： 年 月 日						
检评项目	检查内容	序号	检核点	是	否	备注
	索赔资料	28	是否及时编制索赔资料	□	□	
		29	是否有详细的索赔资料说明书	□	□	
外单位对项目评价	业主评价	30	是否有业主告状情况	□	□	
	当地建筑主管部门的评价	31	是否被当地建委公开曝光	□	□	
		32	是否被质检站、安全站、投标站等部门公开曝光	□	□	
合计						

表 3–13 “安全控制”工作完整性检核表

检核人： 年 月 日						
检评项目	检查内容	序号	检核点	是	否	备注
安全生产体系	安全生产保证体系	1	是否建立安全生产保证体系	□	□	
		2	是否有健全的安全生产保证体系	□	□	
		3	是否配备安全生产保证体系要求的专职安全员	□	□	
		4	是否有足够的安全生产保证体系安全员数量	□	□	
		5	是否有符合安全生产保证体系高素质的安全员	□	□	

（续表）

检核人： 年 月 日						
检评项目	检查内容	序号	检核点	是	否	备注
	安全生产责任	6	是否设定安全生产责任目标	□	□	
		7	是否有安全责任划分或安全责任目标分解	□	□	
		8	是否有明确的安全生产责任承担人	□	□	
		9	是否签订了安全生产责任合同	□	□	
		10	是否有明确的安全生产责任奖罚机制（条款）	□	□	
	作业人员	11	是否有不懂本工种安全技术操作规程的作业人员	□	□	
		12	是否有特种作业人员不持证上岗	□	□	
现场施工管理	标志标牌	13	是否有规范的“五牌一图”	□	□	
		14	是否按规定设置安全标志	□	□	
		15	是否有现场施工管理宣传栏	□	□	
	“三宝”“四口”防护	16	是否有现场工作人员不按规定佩戴安全帽、系安全带	□	□	
		17	是否有在建工程外侧未用合格的密目安全网全封闭	□	□	
		18	是否有防护不到位的“四口”及临边防护	□	□	

（续表）

检核人： 年 月 日						
检评项目	检查内容	序号	检核点	是	否	备注
现场施工管理	脚手架	19	是否有不按施工方案搭设脚手架的现象	□	□	
		20	是否发生架体不稳定现象	□	□	
		21	是否有不按要求设置剪刀撑和连墙杆	□	□	
		22	是否有脚手板铺设不严、不牢	□	□	
		23	是否搭设了合理的卸料平台	□	□	
		24	是否有符合要求材质的脚手架	□	□	
	施工用电	25	是否采用TN−S系统或“三级配电两级保护”	□	□	
		26	是否有线路混乱现象	□	□	
		27	是否有合格的配电箱、开关箱	□	□	
		28	是否有采取外电防护小于安全距离的措施	□	□	
		29	是否有符合要求的现场照明	□	□	
	现场防火	30	是否有合规、合理的消防器材配置	□	□	
		31	是否出现动火无监护现象	□	□	
		32	是否有满足要求的消防水源和消防沙	□	□	

（续表）

检核人：　　年　月　日						
检评项目	检查内容	序号	检核点	是	否	备注
现场施工管理	环境保护	33	是否有因居民投诉造成不良影响	□	□	
		34	是否在现场焚烧有毒、有害物质	□	□	
		35	是否有建筑和生活垃圾不及时清运的现象	□	□	
		36	是否有防粉尘、防噪音和污水处理措施	□	□	
安全工作	宣传教育	37	是否对每一位施工管理人员进行新安全标准培训	□	□	
		38	是否对每一位施工管理人员进行入场教育	□	□	
		39	是否对安全宣传栏内容及时更新	□	□	
		40	是否有积极开展“安全生产月”活动	□	□	
		41	是否开展了有特色的安全活动	□	□	
	安全检查	42	是否定期组织安全环境检查	□	□	
		43	是否有项目经理不组织参加安全环境检查	□	□	
		44	是否有安全环境检查记录	□	□	
		45	是否有隐患没有定人、定时、定措施整改并复查现象	□	□	
		46	是否按照要求及时完成对重大隐患的整改	□	□	

（续表）

检核人：　　　年　月　日						
检评项目	检查内容	序号	检核点	是	否	备注
安全工作	安全事故	47	是否发生四级及以上安全事故（重伤事故）	□	□	
		48	是否有对安全事故隐瞒不报或不按时上报的事件	□	□	
		49	是否按照事故“四不放过”原则处理和执行	□	□	
		50	是否有安全事故报表并及时提交	□	□	
	安全资料	51	是否以《建筑施工安全检查标准》为依据	□	□	
合计						

表 3–14 “质量控制”工作完整性检核表

检核人：　　　年　月　日						
检评项目	检查内容	序号	检核点	是	否	备注
质保体系及制度	质保体系	1	是否建立质量管理制度和体系	□	□	
		2	是否设有质量经理岗位	□	□	
		3	是否按照质量管理制度要求配足人员、持证上岗	□	□	
	质量责任制	4	是否建立明确的与质量相关管理人员的岗位责任制和岗位职责	□	□	

（续表）

检核人：　　年　月　日						
检评项目	检查内容	序号	检核点	是	否	备注
过程控制	项目质量检查	5	是否发生项目部未按计划对项目质量进行检查的情况	□	□	
		6	是否有项目质量检查记录不真实项	□	□	
		7	是否有项目质量检查记录不及时、不完整项	□	□	
	原材料、半成品控制	8	是否出现原材料、半成品进场无合格证的情况	□	□	
		9	是否出现进场记录不齐全、复检材料无见证取样的情况	□	□	
	不合格项（品）处理	10	是否出现项目查出的质量问题无处理意见（措施）、处理不及时的情况	□	□	
		11	是否出现不合格项（品）无复查结果、无签字的情况	□	□	
	质量改进	12	是否有项目无月度质量统计、分析、改进措施的情况	□	□	
		13	是否发现措施不得力、改进效果不明显质量项	□	□	
现场质量	现场工程质量	14	是否发生工程质量事故	□	□	
		15	是否出现质量差被投诉项	□	□	

（续表）

检核人： 年 月 日						
检评项目	检查内容	序号	检核点	是	否	备注
		16	是否检查任何一处的违反规范、严重质量通病项	□	□	
	材料状况	17	是否出现材料未分类堆放、材料状态标识不正确、不清晰项	□	□	
	成品保护	18	是否有成品保护不及时现象	□	□	
		19	是否发现成品损坏现象	□	□	
质量计划、质量活动策划	质量目标及保证措施（项目质量计划）	20	是否有质量计划编制	□	□	
		21	是否有质量活动和安排计划	□	□	
		22	是否有明确的项目质量目标	□	□	
		23	是否出现质量保证措施无针对性、可操作性差的情况	□	□	
	项目作业指导书	24	是否编制了项目作业指导书	□	□	
		25	是否有鲜明项目特点的作业指导书	□	□	
资料整理	资料的收集	26	是否有资料收集的不及时处	□	□	
		27	是否有资料不真实处	□	□	
	原始记录台账	28	是否发现进场原材料、半成品原始台账不齐全、无材料复检原始记录	□	□	

（续表）

检核人：　　　年　月　日						
检评项目	检查内容	序号	检核点	是	否	备注
	资料的整理	29	是否有资料没按要求分类整理的情况	□	□	
		30	是否有资料目录不清楚、不便于查找的情况	□	□	
合计						

表 3–15 “成本控制”工作完整性检核表

检核人：　　　年　月　日					
检评项目&内容	序号	检核点	是	否	备注
成本预测与计划	1	是否制订了总成本计划	□	□	
	2	是否有成本控制计划措施	□	□	
	3	是否编制了月度或节点的计划成本	□	□	
	4	是否有有关部门及时编制并提供各单项成本费用计划	□	□	
	5	是否按月编制费用开支计划	□	□	
成本责任制	6	是否有总成本计划和各部门、各岗位、各班组的成本责任目标	□	□	
	7	是否建立了动态的成本管理责任体系	□	□	
	8	是否针对不同岗位和班组确定了不同的成本管理责任制、责任指标量化和具体化要求	□	□	
	9	是否在责任制中有合理的奖罚条款	□	□	

（续表）

检核人： 年 月 日					
检评项目&内容	序号	检核点	是	否	备注
成本控制	10	是否有总的控制目标、措施和方案	□	□	
	11	是否严格执行有关物资的计量、收发、领退和盘点，以及未完施工盘点的规章制度	□	□	
	12	是否按月设定了具体的人、材、机等费用的控制措施和目标	□	□	
	13	是否各项成本费用控制在计划之内	□	□	
	14	是否成本控制体现了全员性、全过程性	□	□	
	15	是否有项目亏损	□	□	
成本核算	16	是否按制造成本法按月对项目承包成本进行独立核算	□	□	
	17	是否项目成本费用台账健全，登账及时、清晰、准确	□	□	
	18	是否收入的确认依据充分	□	□	
	19	是否成本、费用的计算、归集与分配正确	□	□	
	20	是否各类盘点与结算工作及时	□	□	
	21	是否遵守成本开支范围和财经纪律	□	□	
	22	是否按时编制成本报表及其他会计报表	□	□	

（续表）

检核人：　　　　年　月　日					
检评项目&内容	序号	检核点	是	否	备注
成本分析	23	是否按月进行了成本分析和经济活动分析	□	□	
	24	是否有成本分析实行量价分离的分析原则，对人、材、机等量差节约、价差节约及其原因进行了详细分析	□	□	
	25	是否根据分析的结果，制定了措施及对有关责任人的奖罚意见	□	□	
	26	是否分析资料齐全、保存完整	□	□	
成本考核	27	是否按月进行成本控制考核	□	□	
	28	是否根据考核情况制定了奖罚方案	□	□	
	29	是否考核与奖罚的程序及依据符合规定	□	□	
	30	是否体现了多劳多得的原则并进行奖金的分配	□	□	
资金与效益	31	是否按月编制资金使用计划报公司审批	□	□	
	32	是否及时办理工程进度款结算，并组织催收，工程款回收率达到86%以上	□	□	
	33	工程款回收以后，是否立即全额上交公司，不存在截留资金的情况	□	□	
	34	是否完成当月成本降低计划	□	□	

（续表）

检核人：		年　月　日			
检评项目 & 内容	序号	检核点	是	否	备注
成本资料	35	是否按照项目管理手册按月编制了各项成本管理资料，并且资料真实、完整、齐全	□	□	
	36	是否有有关责任人签字	□	□	
	37	是否对成本资料装订成册，归档及时	□	□	
合计					

表 3–16 “工期控制”工作完整性检核表

检核人：			年　月　日			
检评项目	检查内容	序号	检核点	是	否	备注
工期计划	网络计划（10 分）	1	是否有工期网络计划	□	□	
		2	是否有明确的工期计划阶段目标控制点	□	□	
	计划调整（10 分）	3	是否实行工期网络计划动态管理	□	□	
		4	是否及时对不合理的月、旬计划进行调整	□	□	
控制措施	控制措施（15 分）	5	是否有控制措施	□	□	
		6	是否有措施不力导致计划不能完成的情况	□	□	
		7	是否出现甲方因工期拖延告状情况	□	□	
	补救措施（15 分）	8	是否有计划拖延、无补救措施的情况	□	□	
		9	是否对补救措施进行原因分析	□	□	

（续表）

检核人：　　　　年　月　日						
检评项目	检查内容	序号	检核点	是	否	备注
施工组织	施工安排（10分）	10	是否有不按规定时间召开生产会的情况	□	□	
		11	是否有施工前无工期安排现象	□	□	
		12	对施工安排是否有不合理情况	□	□	
	现场管理（20分）	13	是否有违反施工程序、现场管理混乱的情况	□	□	
		14	是否因建设单位影响工期，未进行及时签证	□	□	
计划完成	控制点（10分）	15	是否有经常达不到工期计划控制点的情况	□	□	
		16	是否有工期计划控制点一个未达到的情况	□	□	
	检查记录（10分）	17	是否有开展工期检查	□	□	
		18	是否有工期检查不及时记录项	□	□	
合计						

表 3–17 “技术管理”工作完整性检核表

检核人：　　　　年　月　日						
检评项目	检查内容	序号	检核点	是	否	备注
技术责任制	管理机构（7分）	1	是否出现技术管理机构不健全、人员配备不落实现象	□	□	
		2	是否出现技术负责人在工作中无责、无权现象	□	□	

（续表）

检核人： 年 月 日						
检评项目	检查内容	序号	检核点	是	否	备注
	管理制度（6分）	3	是否有健全的技术管理制度	□	□	
		4	是否出现技术管理制度不严格执行的情况	□	□	
	岗位职责（7分）	5	是否有明确的试验、计量、测量、资料等技术岗位职责	□	□	
施工组织设计及施工方案	施工组织设计（10分）	6	是否有针对性和指导性的施工组织设计编制	□	□	
		7	是否按照要求履行审批手续	□	□	
		8	是否存在施工组织设计有重大变更时未按规定履行审批手续的情况	□	□	
	设计交底（5分）	9	是否在开工前未进行施工组织设计交底	□	□	
		10	是否有设计交底记录	□	□	
	专项施工方案（10分）	11	是否编制了专项施工方案	□	□	
		12	是否有专项施工方案缺乏指导性和操作性	□	□	
		13	是否有未按施工组织设计及施工方案组织工程施工的情况	□	□	

（续表）

检核人：			年　月　日			
检评项目	检查内容	序号	检核点	是	否	备注
技术交底	技术交底	14	是否有未按要求进行多级技术交底的情况	□	□	
		15	是否有技术交底无指导性和操作性的情况	□	□	
	记录	16	是否有技术交底记录	□	□	
		17	是否有规范的技术交底记录的情况	□	□	
试验与计量	岗位职责	18	是否有岗位职责不明确的情况	□	□	
		19	是否有人员不落实的情况	□	□	
	计量器具	20	是否有计量器具配备及送检率未达标的情况	□	□	
		21	是否有计量器具台账不准确、不完整的情况	□	□	
技术总结与合理化建议	新技术推广	22	是否有新技术推广应用计划	□	□	
		23	是否组织了新技术推广活动	□	□	
	技术总结	24	是否进行了施工技术总结	□	□	
	技术改造	25	是否对项目开展了技术改造活动	□	□	
工程技术资料	技术资料组卷	26	是否有工程资料总、分卷目录	□	□	
		27	是否按要求对技术资料进行组卷	□	□	

（续表）

检核人：		年 月 日				
检评项目	检查内容	序号	检核点	是	否	备注
	资料规范性	28	是否对工程技术资料进行规范性书写	□	□	
		29	是否有准确、完整、及时的技术资料	□	□	
合计						

表 3-18 “材料管理”工作完整性检核表

检核人：		年 月 日				
检评项目	检查内容	序号	检核点	是	否	备注
计划管理	工程主要材料、周转料具及半成品加工的总体需用计划	1	是否有工程主要材料的总体需用计划	□	□	
		2	是否有工程周转料具的总体需用计划	□	□	
		3	是否有工程半成品加工的总体需用计划	□	□	
	工程材料、周转料具及半成品加工的季、月度需用计划	4	是否有工程材料的季、月度需用计划	□	□	
		5	是否有工程周转料具的季、月度需用计划	□	□	
		6	是否有工程半成品加工的季、月度需用计划	□	□	
	每月各类物质进场和消耗进行登记统计	7	是否进行每月各类物资的进场登记统计	□	□	
		8	是否进行每月各类物资的消耗登记统计	□	□	

（续表）

检核人： 年 月 日						
检评项目	检查内容	序号	检核点	是	否	备注
合同管理	材料供需保证协议及采购计划	9	是否发现无材料供需保证协议	□	□	
		10	是否发现无采购计划	□	□	
		11	是否按计划及时供货	□	□	
	周转料具租赁合同	12	是否有周转料具租赁合同	□	□	
		13	是否有健全的周转料具租赁合同内容	□	□	
现场管理	进场物资验收	14	是否有不合格品进场的情况	□	□	
		15	是否有进场物资验收手续	□	□	
	材料堆放、标识	16	是否有材料堆放不整齐项	□	□	
		17	是否有材料堆放无标识项	□	□	
	库房管理	18	是否有库存料具无保护措施、标识不清项	□	□	
	限额领料制度	19	是否有限额领料制度	□	□	
		20	是否有限额领料单	□	□	
统计资料	物资台账	21	是否有完整的物资台账	□	□	
		22	是否有齐全的物资台账登记手续	□	□	
	台账	23	是否有日清月结的台账	□	□	
		24	是否有账、物、卡内容相符的台账	□	□	

（续表）

检核人：		年 月 日				
检评项目	检查内容	序号	检核点	是	否	备注
	材料管理成本台账	25	是否有材料管理成本台账数据	□	□	
		26	是否进行材料管理成本台账数据分析	□	□	
		27	是否有材料管理与成本控制措施	□	□	
合计						

表 3-19 “劳务管理”工作完整性检核表

检核人：		年 月 日				
检评项目	检查内容	序号	检核点	是	否	备注
入场管理	入场手续	1	是否持有公司（分公司）开具的《进场通知书》	□	□	
		2	是否持有齐全的证照、人员、合同等资料	□	□	
	入场教育	3	是否组织、开展了入场教育活动	□	□	
		4	是否有健全的入场教育记录	□	□	
现场施工管理	现场施工作业的计划组织工作	5	是否有劳动力月度使用安排计划	□	□	
		6	是否及时组织、合理安排（分配）工作任务	□	□	

（续表）

检核人：		年　月　日				
检评项目	检查内容	序号	检核点	是	否	备注
	工程质量、安全生产、文明施工、材料节约等方面的管理	7	是否进行定期检查、考核，并有完整的检查记录	□	□	
		8	是否有现场施工考核奖罚记录	□	□	
		9	是否将考核资料及时上报公司（分公司）	□	□	
	管理体系建立与运行情况	10	是否按规定配有安全员	□	□	
		11	是否按规定配有质检员	□	□	
	持证上岗情况	12	是否按规定有劳务承包方的管理人员持证上岗	□	□	
		13	是否按规定有劳务承包方的一般生产工人持证上岗	□	□	
		14	特殊工种人员持证上岗比例是否达到100%	□	□	
人工费管理	人工费价格	15	是否执行《劳务承包合同》中相关规定的总价	□	□	
		16	是否执行《劳务承包合同》中相关规定的人工费单价	□	□	
	人工费结算程序	17	是否与工程质量、安全生产、文明施工、材料消耗等考核结果挂钩	□	□	

（续表）

检核人： 年 月 日						
检评项目	检查内容	序号	检核点	是	否	备注
		18	是否有相关责任人审核签字记录	□	□	
		19	是否按规定进行上报审批	□	□	
	人工费控制	20	是否定期进行人工费分析	□	□	
		21	是否针对人工费超支情况制定纠正措施	□	□	
退场管理	退场手续	22	是否有应该清退的队伍而继续留用的情况	□	□	
		23	是否按规定进行人员核对、机具设备清点	□	□	
		24	是否对分包队伍下达《退场通知书》	□	□	
资料管理	建立各种台账	25	是否有完整的各种台账	□	□	
	队伍资料	26	是否有完整的劳务承包方的资料、证照等资料	□	□	
		27	是否有完整的劳务承包方的人员花名册、身份证复印件等资料	□	□	
		28	是否有完整的劳务承包方的人员上岗证书、各专业合同等资料	□	□	

（续表）

检核人：　　　　年　月　日						
检评项目	检查内容	序号	检核点	是	否	备注
	培训和考核记录	29	是否有完整的培训过程记录	□	□	
		30	是否有完整的培训考核记录	□	□	
	人工费结算资料	31	是否有完整的人工费结算单签字记录	□	□	
合计						

表 3-20 “机械设备管理”工作完整性检核表

检核人：　　　　年　月　日						
检评项目	检查内容	序号	检核点	是	否	备注
设备计划	设备需用计划	1	是否有季度设备需用计划	□	□	
		2	是否有月度设备需用计划	□	□	
	设备租赁合同	3	是否有各种类型完整的设备租赁合同	□	□	
	设备交接、验收	4	是否办理了每一次设备交接、验收手续	□	□	
使用管理	机械管理员及其设备管理工作	5	是否设立了专职机械管理员	□	□	
		6	设备管理工作是否落实	□	□	
	日常保养	7	是否按“十字作业”进行日常保养	□	□	
		8	是否按公司要求对机械及其设备进行保养	□	□	

（续表）

检核人： 年 月 日						
检评项目	检查内容	序号	检核点	是	否	备注
	红旗设备竞赛活动	9	是否开展了红旗设备竞赛活动	□	□	
		10	是否定期开展了红旗设备竞赛活动	□	□	
安全管理	起重机械设备使用许可证	11	是否对每台起重机械设备办理了使用许可证	□	□	
	大型设备安拆方案	12	是否对每台大型设备有完整的安拆方案	□	□	
		13	是否每次认真落实每台大型设备安拆方案	□	□	
安全管理	安全技术措施及标牌	14	是否落实安全技术措施	□	□	
		15	是否有齐全的安全标示牌	□	□	
	操作人员持证上岗	16	是否100%的操作人员都持有上岗证	□	□	
		17	是否进行岗位新技能与新知识培训	□	□	
	机械设备安全装置	18	是否有机械设备自身保护装置	□	□	
		19	是否有机械设备安全防护装置	□	□	
		20	是否有保证操作者人员安全的安全装置	□	□	
		21	是否有灵敏可靠的防护装置	□	□	

（续表）

检核人：　　　　年　月　日						
检评项目	检查内容	序号	检核点	是	否	备注
基础资料	机械设备台账、运转及交接班记录	22	是否建立机械设备台账	□	□	
		23	是否有齐全的机械设备运转、交接班记录	□	□	
	租赁结算单	24	是否有机械设备租赁结算漏缺的情况	□	□	
	机械费用成本分析	25	是否进行月度机械费用成本分析	□	□	
		26	是否及时向公司相关部门提交月度机械费用成本分析报告	□	□	
	机务统计报表	27	是否有齐全的机务报表	□	□	
		28	是否及时向公司相关部门提交机务报表	□	□	
合计						

表 3-21 "信息管理"工作完整性检核表

检核人：　　　　年　月　日						
检评项目	检查内容	序号	检核点	是	否	备注
信息管理制度及人员配置	信息管理制度	1	是否建立项目信息管理、信息安全、网络系统运行、计算机设备管理、软件管理等管理制度	□	□	
		2	是否健全了制度执行机制	□	□	

（续表）

检核人：　　　年　月　日						
检评项目	检查内容	序号	检核点	是	否	备注
		3	是否明确信息管理职责	□	□	
	人员配置	4	是否取得项目经理计算机中级证书	□	□	
		5	是否设立信息管理员	□	□	
		6	取得计算机中级工证书的项目管理人员取证率是否达到100%	□	□	
计算机设备及网络	设备设施	7	计算机配置率与项目规模是否相适应	□	□	
		8	是否100%达到设备完好率	□	□	
	计算机网络	9	是否建立电子邮件信箱、微信群、QQ群	□	□	
		10	是否实现与公司的网络通信无障碍	□	□	
		11	是否建立计算机局域网实现信息共享	□	□	
软件应用	软件应用	12	是否使用管理信息系统实现项目成本和进度控制	□	□	
		13	是否采用网络计划、概预算、CAD、钢筋翻样等专业软件	□	□	
信息及设备安全	信息及设备安全	14	是否有防病毒措施	□	□	
		15	是否有信息保密措施	□	□	
		16	是否有明确的信息安全责任制	□	□	
		17	计算机设备电气安全措施是否100%达标	□	□	

（续表）

检核人： 年 月 日						
检评项目	**检查内容**	**序号**	**检核点**	**是**	**否**	**备注**
资料管理	资料管理	18	输入软件系统的数据资料是否真实、可靠	□	□	
		19	是否有完整的数据资料	□	□	
		20	是否及时将数据资料输入软件系统	□	□	
合计						

第四章

打造行为模式，实现员工自我管理

战略规划十步法，制订好计划

企业所有的事情最终都围绕一件事展开——达成经营目标，所以，员工的工作都是围绕经营目标的达成来打造自己的行为模式。经过对世界500强企业绩效表现好的员工的特征研究，我们发现，有5种行为模式是这些优秀员工身上的共同特征——订计划、用资源、找方法、做结果、教别人。我把它们串联起来形成一个口诀就是：前方有目标，用心订计划，左手用资源，右手找方法，踏实做结果，乐于教别人。

列宁说得好："任何计划都是尺度、准则、灯塔、路标。"计划是一个企业生存与发展的纲领，是企业协调的前提，是指挥实施的准则，是控制活动的依据。好的计划会让公司若干年内业绩不断增长，不断提升企业对环境变化的适应能力。

计划分为计划的工作和计划的形式两种。

计划的工作，是指根据企业组织外部环境和内部条件的分析，提示在未来一定时期内要达成企业组织目标及目标实施的方法、途径。

计划的形式，可以按照时间周期、管理职能和组织层级这三种来划分。按照时间周期划分，有年度计划、半年计划、季度计划、月度计划和周计划；按照管理职能划分，有人力资源计划、账务计划、营销计划、生产计划和研发计划；按照组织层级划分，有总部计划、子公司计划、分公司计划、项目小组计划和个人计划。

企业要制订好计划，首先要链接企业发展战略，因为战略规划是从未来看明天的行动。战略规划是计划当中非常重要的环节，笔者把它总结成了十步，并且建立了一个模型——战略规划十步法（如图 4–1 所示）。

下面通过介绍 A 公司从战略到执行的案例，来解释战略规划十步法在企业中的运用。

（1）确定自己的使命、愿景、价值取向。

（2）制订三年目标。

（3）了解客户的需求。

（4）进行销售渠道的分析，明确公司所处行业的状态，从而取得一个比较好的业务模式。

（5）满足客户需求最理想的行动策略。

（6）制订战略实施的计划。

（7）制订财务的预算。

（8）进行优势、劣势、外部机会与威胁的分析。

（9）对公司所拥有的资源和能力进行分析。

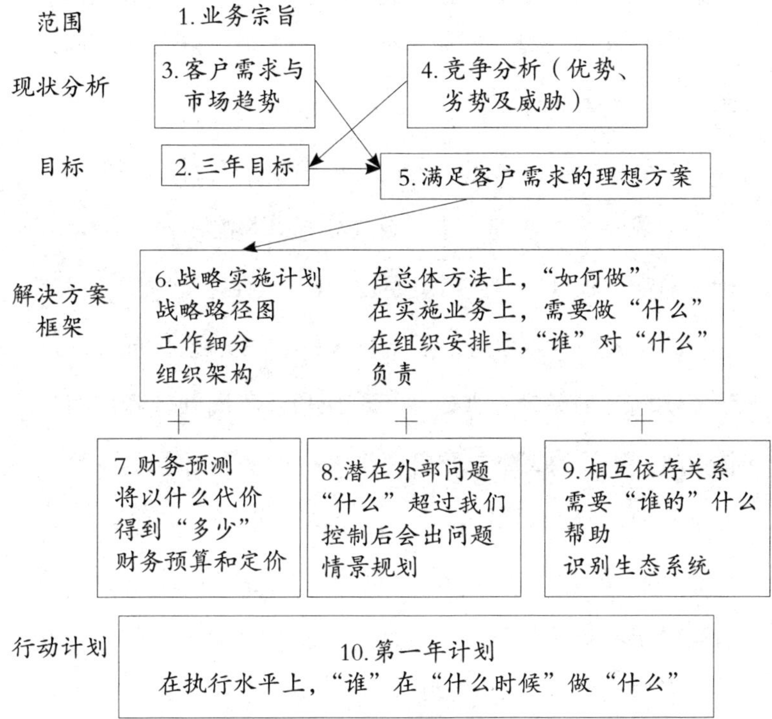

图 4-1 战略规划十步法

（10）制订新的年度经营计划。新的年度经营计划根据制订计划的流程来思考一个企业的业绩突破到底要面对什么问题。比如说企业核心竞争力到底是什么？如何聚焦到核心业务上？这两个问题搞清楚之后，就需要量化到计划中重要的控制指标里。

重要控制指标，主要包括客户的价值、产品和服务的质量、成本的运营、公司的产能及员工能力的成长，再根据这些量化的经营指标来确定完成每个指标所需要的关键举措。这些关键举措根据经营方针的确定和经营计划当中的具体目标来实现，比如说经营方针中当年最重要的目标是什么。基本的经营计划一般包括6～12个经营指标，如果这些重点的目标都能够达成，公司的经营目标就能实现。

在战略实施计划当中，首先要对环境状况进行综合分析，确定核心目标，包括短期目标和长期目标。

战略实施计划做好之后，再进行策略实施计划的安排。策略实施计划是针对战略中不同阶段、不同领域确定的具体策略，不同的策略要制订一个对应的实施计划。一般企业都会把策略做一个编号，这个策略执行的起始时间是什么、权责部门是谁、谁来批准。策略实施计划要按照时间表进行安排，同时对于每一个时间段的活动都要量化成绩效目标并有完成量的即时统计值，以此进行绩效考核与管理。

战略规划好之后，年度经营计划就显得很重要，战略目标要靠计划来执行！企业首先要从财务指标、客户价值、内部运营和学习成长四个层面构建经营目标体系，并用“飞行模式”工具逐层分解：“定义结果”这一方向界定的关键绩效指标，应该纳入《关键指标库》；而“制定策略”“策略实施及时性”“策略实施有效性”这三个方向界定的绩效指标属于SPI（策略绩效指标），应该纳入年度经营计划。

企业用“3T法”制订年度经营计划最有实效，即年度经营计划中要体现“Task任务”“Target目标”以及“Timetable时间表”。

“Task任务”是指“飞行模式”中“飞机尾部”及实现产出的动力来源，是投入什么样“策略”能够带来产出。这里的“策略”，要更多地从留存价值入手，或者从能力培养入手。比如财务指标中“应收账款”，使用飞行模式工具分解，产出是金额。策略应该是出台《应收账款与财务风险控制办法》，也可以表述为“应收账款梯级量化培训”。二者同时实施，效果更好。

“Target目标”是指SPI绩效指标的目标值。

“Timetable时间表”是指该项策略实施的时间跨度或者时间节点。“行动策略”是指该项策略对接“资源使用表”充分用尽资源的具体描述，充分体现“事先有计划、执行有内容”的原则。

“3T年度经营计划”中的“当责”者是指这项绩效指标主要责任人，对“结果”负责；“规划”者是对这项工作全局负责；“评估”者是对这项工作的质量负责；“协助”者是对这项工作配合负责；“决策”者是对这项工作的风险控制负责；“拟订”者是对这项工作的计划形式负责；“督导”者是对这项工作进度的管控负责。

参与年度经营计划中不同岗位责任人也要制订个人计划，公司计划与岗位计划是怎样分解和连接起来的呢？

我们来看B公司是怎样把总裁的计划分解到副总裁、

再分解到事业部的（如图 4–2 所示）。B公司行动计划中有一个核心目标是产品的合格率达到99. 7%，这个目标落实到的责任人有制造副总裁、研发副总裁、人力资源副总裁。针对研发副总裁的计划，产品合格率99. 7%被分解到制造合格率，而制造合格率又包括制造工艺和制造设备合格率两方面。

一家公司从战略到执行，是通过由上而下分解实现的：由总裁行动计划分解到副总裁行动计划，副总裁行动计划分解到事业部总经理行动计划，事业部总经理行动计划再落实到部门经理行动计划，部门经理再把他的计划分别落实到不同的责任人身上，所以最后形成了个人的行动计划。所谓的“千斤担子众人挑，人人肩上有指标”，就是因为计划的制订是一个由上而下分解的过程。

找到资源，用尽、用好资源

什么是资源？资源是一切可以被开发和利用的物质、能量、信息的总称。资源是生产过程中所有使用的投入。我们发现，有一些企业的资源是有限的，但同时我们也发现人们认识资源、利用资源的潜在能力是无限的。

在企业管理实践中,我们发现，有些企业的经营目标没

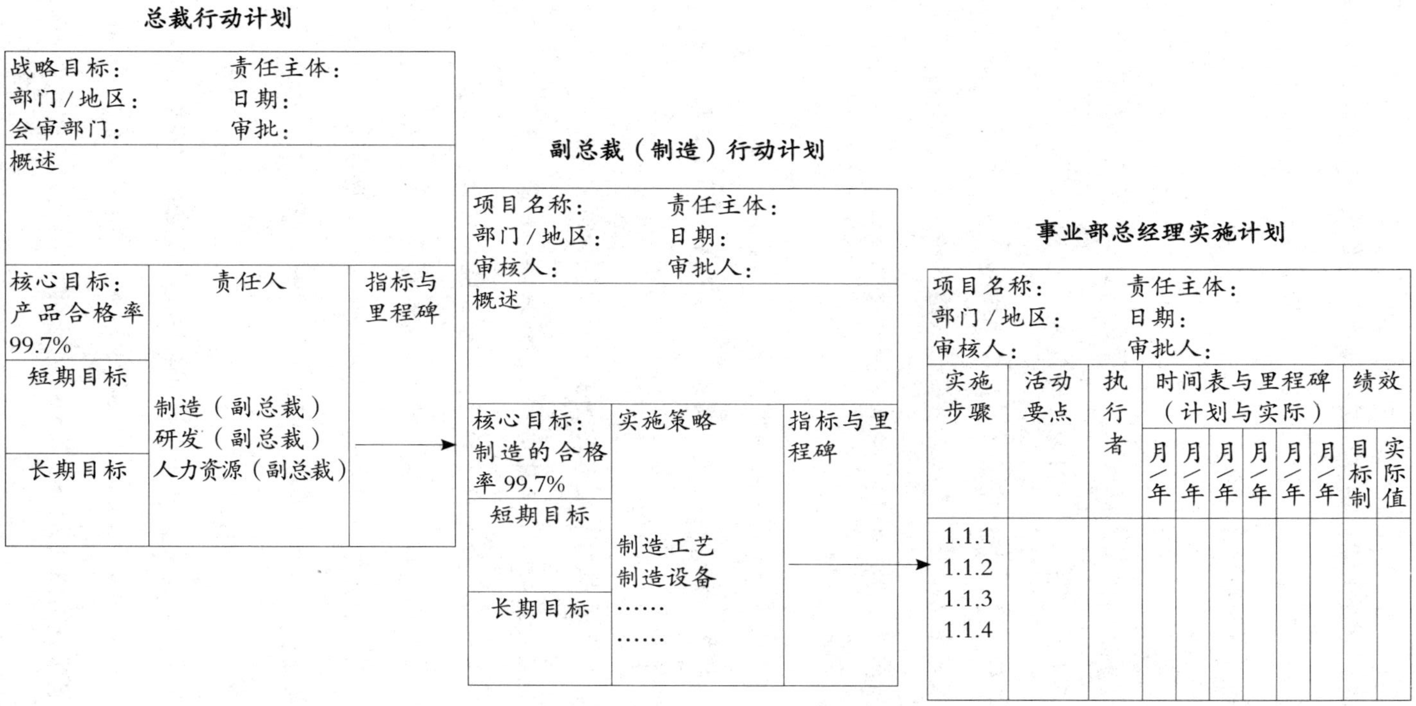

总裁行动计划

<table>
<tr><td colspan="3">战略目标：　　责任主体：
部门 / 地区：　　日期：
会审部门：　　审批：</td></tr>
<tr><td colspan="3">概述</td></tr>
<tr><td>核心目标：
产品合格率
99.7%</td><td rowspan="3">责任人

制造（副总裁）
研发（副总裁）
人力资源（副总裁）</td><td rowspan="3">指标与
里程碑</td></tr>
<tr><td>短期目标</td></tr>
<tr><td>长期目标</td></tr>
</table>

→

副总裁（制造）行动计划

<table>
<tr><td colspan="3">项目名称：　　责任主体：
部门 / 地区：　　日期：
审核人：　　审批人：</td></tr>
<tr><td colspan="3">概述</td></tr>
<tr><td>核心目标：
制造的合格率 99.7%</td><td rowspan="3">实施策略

制造工艺
制造设备
……
……</td><td rowspan="3">指标与里程碑</td></tr>
<tr><td>短期目标</td></tr>
<tr><td>长期目标</td></tr>
</table>

→

事业部总经理实施计划

<table>
<tr><td colspan="11">项目名称：　　责任主体：
部门 / 地区：　　日期：
审核人：　　审批人：</td></tr>
<tr><td rowspan="2">实施步骤</td><td rowspan="2">活动要点</td><td rowspan="2">执行者</td><td colspan="6">时间表与里程碑（计划与实际）</td><td colspan="2">绩效</td></tr>
<tr><td>月/年</td><td>月/年</td><td>月/年</td><td>月/年</td><td>月/年</td><td>月/年</td><td>目标制</td><td>实际值</td></tr>
<tr><td>1.1.1
1.1.2
1.1.3
1.1.4</td><td></td><td></td><td></td><td></td><td></td><td></td><td></td><td></td><td></td><td></td></tr>
</table>

图 4-2　计划的连接

有完成，但资源却存在被浪费的现象。为什么会出现这样的现象呢？原来，很多岗位的员工在接受任务的时候，根本不知道资源在什么地方。

某家做密封系统的企业，营销总监王磊要开拓茂名石化的一个项目，但由于对茂名石化了解不多，业务拓展无从下手。一次，他无意间发现茂名石化的总工程师李总工是自己所在企业已经退休的王总工的同学，而且是很好的师兄弟关系。他灵机一动，就找王总工去了解李总工的信息。

他发现李总工是个非常权威的人士，并发现了李总工撰文介绍的行业技术攻关的一系列数据模型，而王磊刚好就用过这些数据模型，还积累了很多的心得体会，于是就向李总工连发了三封邮件畅谈自己使用这些数据模型解决工作中的困惑所取得的收获。李总工发现这位年轻人对他的数据模型运用很有体会，就回了一封邮件对他表示赞赏。王磊抓住这个机会又写了一封邮件表达他对李总工的敬佩及有机会想当面求教的愿望。在接下来的日子里，王磊和李总工有非常多的互动。

有一次王磊出差海南的时候，提出了在路过茂名时想当面拜访李总工的想法。这样一来二往，王磊就收集了茂名石化对干气密封技术上的要求。他马上行动，在半年时间中组织相关技术人员和商务人员进行商务投标，成功取得了茂名石化上千万元的业务。

从上述案例中，我们发现王磊使用了信息资源，即通过企业局域网了解到潜在客户李总工和王总工之间的关系；同时也使用了能量资源，也就是利用了公司内部的人际关系，进一步开拓了这单业务。如果王磊对摆在他眼前的企业所具备的信息资源和能量资源置之不理的话，即使他在业务开拓、商务开拓等方面非常有能力，即使设法开拓了茂名石化的业务，也许不会那么顺利，也许会付出更多的代价。所以，尽其用方能尽其才，这是所有企业都应该推广普及的理念。

我们再来看一个案例。

某家公司的人力资源经理在使用资源盘点表对接年度招聘计划的资源时，发现有4种资源在新的一年中是马上可以使用的。第一个资源就是资金条件，因为去年他的资金条件用得非常不好，他把所有的预算平均分配到招聘人员身上，导致很多关键岗位、紧缺岗位的招聘不尽如人意。今年在使用资源表盘点物质资源的时候，发现年度招聘计划与资金条件有一个交集，而这个交集的使用是需要创新的，就是将80%的预算用在20%的紧缺人员招聘上，做好招聘费用预算表。

第二个资源是物质资源的使用，就是年度招聘计划和人力资本的对接。他决定将企业内部优秀员工晋升的故事图文并茂地做成网页放到公司网站上，来塑造公司的品牌形象。这些优秀员工有些是从基层晋升到中层，有些是从技术岗位转到管理岗位，有些是从助理和行政岗位走上业务部门的领导岗位，他们都是靠自己的努力，通过达成目标任务、绩效管理的结果而获得晋升的。这些普通员工成才的故事，能够使应聘人员了解公司，同时也了解自己在公司未来发展的空间。

第三个资源是信息资源当中的会议资源。公司的市场部门每年都会在行业展会中展示公司的产品研发实力、技术优势。于是，人力资源经理就与市场部商量，利用行业展会来宣传公司品牌形象和经营实力的同时，也宣传公司对技术型人才的引进政策。因为行业展会上像技术总监、技术工程师等都可能来现场参观，也许会有技术人才被人才引进政策展板吸引进入公司。技术人才本来就很难找到，行业展会是吸引高质量人才的一条重要途径。

第四个资源是人际关系。人力资源经理盘点能量资源的时候发现，公司有些岗位可以通过人际关系让内部人员举荐，所以在年度招聘计划制订的过程中，人力资源经理设置了内部员工人才举荐奖励制度，鼓励员工利用自己的社会关系来发现人才、引进人才。

人力资源经理把上述四种资源的使用制订出年度招聘计划流程图（如图 4–3 所示），并且对年度招聘计划围绕这个流程图怎样操作进行了详细说明。人力资源经理在描述目的时，指出这样便于规范招聘管理，保障公司正常经营，保证人力资源的合理配置。这个任务要根据每年年底公司业务发展的需求，由人力资源中心组织制订年度招聘计划并进行费用的预算。在描述任务流程的过程当中，他把资源使用的四个要求特别进行了描述，这就是用尽资源。

将 80% 资金预算用在 20% 紧缺人才招聘上，做好招聘用预算表

在利用行业展会宣示公司品牌形象和经营实力的同时，宣传公司技术人才引进政策

	物流资源								信息资源								能量资源							
	产品	基础设备	生产设备	资金条件	技术基础	生产资料	人力资本	场地	工作计划	业务流程	网络	客情关系	培训会议	内报内刊	会议	供应链	经营历史	知名度	美誉度	运营机制	组织结构	人际关系	政府关系	经营效率
年度招聘计划				①			②								③							④		

将公司优秀员工晋升的故事制成图文并展示出来，塑造公司品牌

设计内部员工人才举荐制度，鼓励员工利用社会关系发现人才、引进人才

图 4–3　HRM–01–01 年度招聘计划资源使用流程图

头脑风暴找方法

在企业管理中，有很多瓶颈是需要找方法来突破的，找方法最好的方式是："头脑风暴"（Brain Storming，又称BS法）。头脑风暴是一种开发团队智慧的技术形式，是一种所有团队成员初始想法都能被重视的技术形式。如果企业遇到问题，用头脑风暴的方式来寻找方法，激发团队成员的潜力，就容易解决问题，提高效率，增加业绩。

头脑风暴的原理是：如果我们拥有的主意越多、种类越多，我们就越容易找到我们所需要的答案。

开展头脑风暴有以下七个步骤：

第一步：主持人宣布头脑风暴的目的，将问题或题目写在白纸板上。

第二步：主持人确定使用的是自由式还是轮回式头脑风暴。

第三步：主持人向大家宣布头脑风暴游戏规则——"自由奔放、集中思想、延迟评判、以量求质、组合运用"。

第四步：成员任意地或轮流地说出想法。成员说出自己的想法，可以随意发言，也可以轮流发言。

第五步：记录员将成员所出的主意一个个地记录在白纸板上。

第六步：当团队的主意已出尽后，主持人可以用提问的方式再产生更多的主意。

第七步：组合运用大家的主意，整理成实施方案，并且进行可行性评估。

头脑风暴组合起来有十八种思维方式：加一加、减一减、扩一扩、缩一缩、变一变、改一改、联一联、学一学、代一代、搬一搬、反一反、定一定、修一修、延一延、杂一杂、合一合、拆一拆、移一移，把它们总结成口诀就是“加减扩缩变改联、学代搬反定修延、杂合一起找方法、拆移之后再相连”。

有一家房地产开发公司在广州开发了新楼盘——岭南新世界。公司减少了广告预算，但广告要达到的效果如广告覆盖区域、传播到达目标人群等测评指标不能改变。怎样利用有限的资金达到最好的效果呢？最后他们用头脑风暴中“合一合”的思维方式做了一整版报纸广告。

这幅广告图中间放着一杯热气腾腾的咖啡，上面写着“从岭南新世界到珠江新城只需要喝一杯拿铁咖啡的工夫”。原来这是地产公司和拿铁咖啡中国总代理合作共同推出的广告，两家的消费人群基本相同，也都需要在报纸上做广告，这个广告不仅宣传了拿铁咖啡的品牌，同时通过广告词说明了岭南新世界楼盘离市中心非常近。

还有一个案例也说明开展头脑风暴是有思维方式的，它对于找方法非常重要。

一家服装企业找我做咨询。这家企业开春夏订货会时，发现经销商没有像以前那样积极订货。企业领导人告诉我说：“熊老师，我们换了一个台湾的设计师，他的设计风格跟我们之前的产品风格不同，很多经销商没有卖过这种风格的衣服，导致订货的积极性不是很高。但我们对这个产品很有信心，进行了大批量的生产，可是如果订货比较少的话，我们的风险会非常大。”

我建议他对达成销售目标的经销商换一种激励办法。过去经销商目标达成后，公司要在年底返利给经销商；现在改为不在年底返给他，而是马上返给他。假设他订了1000万元的货，就算已经完成了年度目标，公司应该在年底返给他8%，1000万元的货需要300万元的订金，现在就提前返利给他，他只需要拿出220万元就可以了，也就是说他可以把220万元当成300万元来用。

宣布这个消息后的第二天，全国31个经销商中有17个率先订了货，渐渐地其他经销商也受到了影响。三天的订货会中，99%的经销商达成了厂商要求的订货目标。

在这里企业用的就是“移一移”的思维方式，把后面的流程移到了前面。

我们用头脑风暴找方法的最终目的，是要把它变成可操作的方案，我就将它变成了管理工具——头脑风暴操作单（如表4–1所示）。

头脑风暴操作单就是将计划变成行动，将行动变成结果的最好的工具。

表 4-1　头脑风暴操作单

讨论主题：________________________

<table>
<tr><td>姓名</td><td></td><td>E-mail</td><td></td></tr>
<tr><td>组别</td><td></td><td>单位</td><td></td></tr>
<tr><td>思维工具</td><td colspan="3"></td></tr>
<tr><td>着眼点</td><td colspan="3"></td></tr>
<tr><td colspan="4">原则：</td></tr>
<tr><td colspan="4">步骤：
1.
2.
3.</td></tr>
<tr><td colspan="4">要点：
1.
2.
3.</td></tr>
<tr><td rowspan="2">自我评价</td><td colspan="3">创新指数：</td></tr>
<tr><td colspan="3">可行性指数：</td></tr>
</table>

突破增长瓶颈，做出满意结果

企业如何突破业绩增长瓶颈？从岗位来说，第四个行为模式就是如何做结果。

为什么企业要注重结果？结果就是要通过检查，确认工作现状跟当初制订的目标有多少差距，并设法缩小这个差距。缩短现状与目标之间的差距是有规律的，这种规律体现在四个环节上，即计划、执行、检查和改善，简称PDCA。

PDCA是一种管理的循环。P（Plan）计划，是对即将开展的工作的设想和安排，如提出任务、指标、完成时间和步骤方法等。D（Do）执行，实地去做，实现计划中的内容。C（Check）检查，总结执行计划的结果，分析效果，找出问题。A（Action）行动，对检查的结果进行处理，对成功的经验加以肯定并适当推广，使之标准化；而失败的教训也加以总结，以免重犯；未解决的问题放到下一个PDCA循环中。

如果我们把上述四个环节再进行拆分的话，第一个环节P可以分为三个方面：①确定目标（什么，在什么时候前要做什么）；②确定为了达成目标需要采取什么措施（怎样做）；③选定指标、确定目标值（方法）。（①②③具体由领导及员工通过双向交流决定）。

第二个环节Do，它分为两个方面，即④进行教育和培训（为实现目标使执行者获得必要的技能及条件）；⑤执行计划（即②措施、③管理）。

第三个环节C分为两个方面：⑥实施有结果后，再来分析计划（①目标、②措施、③管理）；⑦认识清楚新的问题。

第四个环节A分为三个方面：⑧没有能够按计划不折

不扣执行的项目（排除阻碍计划执行的障碍，再执行一次）；⑨虽然按照计划执行了，却没有能够取得预期成果的项目（重新修正计划②③，再执行一次）；⑩按照计划执行,并取得了圆满成果的项目（将执行的内容②③反映到工作的推进方法和制度当中）。

一家公司的人力资源部经理4月在规定的时限内，招聘人员到位率是65%；5月，确定目标是80%。经过责任人的努力，实际绩效结果是75%，他没有完成目标并达成结果。我们可以用PDCA管理循环做一个表格，对责任人的整个工作过程进行复盘。但责任人用这个表格做了一个不好的示例，他在表格Plan的措施中写“5月时限内招聘到位率达到80%以上（现状75%）”，其实这不是措施，只表明了要达到80%的决心，而没有明确达到具体目标需要实施的步骤和措施。实际上，在达成任务目标的80%时应该这样表述:“时限内招聘到位率80%”，这只是衡量结果的标准指标的目标值，在这种情况下，当结果为75%时，我们只能看到差5%没能达到目标的事实，而对于接下来应该从哪个方面加以改善则无法看到相应的对策。也就是说，这样将会形成出了结果，也进行了评价，之后就完事大吉，而无法再实施PDCA循环的情况。在实施Do的表格中只有对“计划80%，实绩

75%，达成率93. 8%”进行了一个陈述。由于只记载了结果，而对为了达成80%的目标具体要做些什么没有描述，所以无法下一步的进行检验。在Check这部分对应写的是“应聘的人员太少，用人部门招聘条件要求太高”，这只是描述事实和现象以及对己方责任进行辩解的内容，没有能够在实施结果后对所采取的措施进行分析，正确把握到未达成的原因和使问题明朗化。在A这部分中他写道:“每天查看简历，拼命招聘面试。”而这只不过是第二次表明决心。

综上所述，用PDCA的模式来复盘时，责任人所用的思维逻辑是不正确的，这样做是达不到效果的。

怎样用PDCA记录表来复盘，直到实现结果呢?首先我们来看看责任人的目标，在规定时间内（5月）招聘人员到位率达到80%，实际的成绩是75%，4月份完成65%。人力资源部经理要解决的问题是围绕65%与80%之差——15%来找方法，分析需要采取哪些措施和行动策略。我们来分析一下，4月人力资源部时限内招聘人员到位率为65%，5月确定目标为80%，努力之后，实绩变成75%，实绩－目标=75–80=–5，差5%未达成目标。

针对目标，人力资源部执行为了解决这一问题而确定的应对措施1 ~ 3（如表4–2所示），结果是“提高了10%”和“差5%未达成目标”。

表 4-2　PDCA管理示例

<table>
<tr><th colspan="2">计划（P）</th><th></th><th></th><th>执行（D）</th><th></th><th>检查（C）</th><th>行动（A）</th></tr>
<tr><th colspan="2">工作项目</th><th>指标</th><th>目标值</th><th>实绩（实施措施之后）</th><th>评价</th><th>差异分析</th><th>今后的应对措施</th></tr>
<tr><td colspan="2">5月实现招聘到位率达到80%以上（现状75%）</td><td>时限内招聘到位率</td><td>80%</td><td>计划 实绩 达成率
80% 75% 93.8%
15% 10% 66.7%</td><td>×</td><td>主动投递简历少，搜索能有少数应聘者；广告投入少而效果不佳，且时间过长</td><td>今后下功夫努力的重点要放在查看、搜索简历、有选择性地投放广告和内部人员推荐上</td></tr>
<tr><td rowspan="3">主要措施</td><td>措施1：每天查看主动投递的简历</td><td>投入时间</td><td>1小时/每天</td><td>每天都实施了</td><td>○</td><td rowspan="2">每天主动投递简历数量不多，有时一份都没有，花费的时间不多；搜索简历能寻找到一些符合应聘条件人员，但沟通成本高</td><td rowspan="2">今后坚持每天先看完主动投递的简历，同时加大简历搜索力度，将搜索简历的份数提高为20份/每天，时间增加为每天1.5小时</td></tr>
<tr><td>措施2：每天搜索15份以上非主动投递的同类简历</td><td>投入时间</td><td>1小时/每天</td><td>每天都实施了</td><td>○</td></tr>
<tr><td>措施3：加大宣传力度，采用多种招聘渠道</td><td>投入费用</td><td>1000元/月</td><td>同行人力资源宣传推荐有点效果，尤其是内部同岗位人员推荐针对性比较强，但时间长</td><td>△</td><td>小广告宣传效果不佳，大广告费用不够，有效招聘渠道少</td><td>选择性投放广告，有针对性地主动联系内部同岗位人员，鼓励内部推荐</td></tr>
</table>

通过分析、调查，我们清楚地知道直接导致成绩提高10%的对应措施是什么，对此今后还要继续执

行。我们也要调查清楚差5%未达成目标的原因，是因为对应措施不充分，还是因为没有能够按照计划实施，或是指标不合理，并且将调查的结果在下一次计划中使用。

如果还有问题就进行下一个PDCA循环。

如果提交不出结果呢？我们还有个方法就是检核法，通过它可以知道到底是哪个地方出了问题。

我们知道，完成任务是有共同规律可循的，一个任务实际上是由以下12个情节构成的：

①执行任务的人是否理解上司交付的任务的意图？

②执行任务的人是否找到了与这个任务相关的人物？

③他知道完成这个任务的资源在什么地方吗？

④他是否收集了与任务相关的资源？

⑤他是否已经分析了为什么任务达不成的根本原因？

⑥他有没有选择解决方案？

⑦上司批准他的方案了吗？

⑧他是否去执行解决方案呢？

⑨有人对他完成的过程进行监督并评估了吗？

⑩如果评估不合格的情况下，是否能确定产生偏差的原因？

⑪原因找到后是否及时调整自己的行动计划？

⑫新的任务执行完成的结果有没有向上司汇报？

所有的任务都是由上述 12 个情节构成的，我们将其整理成“万维检核表”。

如果计划中的任务迟迟不能“画句号”，那就用“万维检核表”（如表 4–3 所示）诊断出执行中的盲点吧。

表 4–3 万维检核表

任务执行者：	检核项目	状态 结束	盲点
	（请在方框内勾选，只能选一种状态）		
	1. 了解意图	☐	☐
	2. 找到了相关人物	☐	☐
	3. 知道资料	☐	☐
任务表述：	4. 收集资料	☐	☐
	5. 分析根本原因	☐	☐
	6. 选择解决方案	☐	☐
	7. 行动计划获批	☐	☐
	8. 执行方案	☐	☐
	9. 监督评估	☐	☐
	10. 分析偏差	☐	☐
	11. 调整行动	☐	☐
	12. 汇报结果	☐	☐

如果计划当中的任务迟迟没有完成好，那就可以用“万维检核表”来诊断执行过程中的盲点。我们把执行任务的人找出来，看看他的任务是怎么完成的，使用检核表找到与任务相对应的步骤，任务结束了就打钩，没有结束的就在对应的盲点处打钩进行盘点。之后再进行第二步盘点——找到盲点，落实责任人和时间节点（如表 4–4 所示）。

表 4–4 盘点盲点后落实责任人与时间节点

盘点盲点	落实责任人	时间节点

某企业年底准备召开经销商会议，需要办公室谢主任寻找合适的酒店。公司老板在出差的时候，打了三次电话，问谢主任有没有找到合适的酒店，谢主任每次都回答说“正在进行中”。

老板比较着急，于是让销售经理用“万维检核法”检查谢主任在选址的时候到底卡在什么地方了，最后发现盲点出现在了第 9 步——没有人对酒店进行评估。于是销售经理就对这三家酒店进行了评估，最后找到了合适的酒店。

其实谢主任把前面 8 个情节都做了，但也是只做任务不注重最终的结果。所以，万维检核表是一个非常好的工具。

如何快速做出“结果”呢？我还要介绍自己独到的工作方法——“4025 工作法”。

我出生在矿山，在农村长大，小时候经常帮大人干农活。夏天收割的时候，我跟邻居小孩比力气，看谁先把稻子从田里搬到晒场。妈妈一开始就让我挑很重的担子，我踉踉跄跄地挑着担子硬撑着两三趟。后来，妈妈隔几次就给我减轻了重量，我的步伐也渐渐快了起来。邻居小孩不同，一开始挑很轻的担子，后来看进度落了下来，就加大了重量。可是，人一旦习惯了挑不重的担子，突然挑一副重的担子，会感觉到很吃力。于是这样的比赛，我往往会赢了对方。

其实，这种生活中的哲学对于我在企业管理中的工作开展很有启发。二十多年前，我在做基层员工的时候，只要上司交代的任务，我都会提前将大部分工作画上句号。也就是说，我在执行任务时一旦目标明确，一开始就冲刺目标，这样就能快速完成领导交付的任务了。

长期以来，我根据这种经验，总结出了一套工作方法，我称之为“4025 工作法”。一旦掌握了这种方法，你就会拥有一种提升自我管理的利器。

作为一名管理者，我常常思考部属有时为什么完不成任务。我发现个中原因有很多方面，除了不能胜任、资源没有用尽、执行方法太少、目标放弃太早之外，还有一个容易让人忽略的情况，那就是计划不合理、分配不科学。

一般人的习惯思维是将工作任务平均落实到各个时间点上。假如有一项工作任务的执行时间跨度一个月，每周一个工作阶段，很多人在制订计划的时候，习惯将每个阶段按25%的工作量平均分配（如表4–5所示）。这样的计划与工作安排的方法有可能导致任务不能在规定的时间完成。因为，将全部工作任务平均分配到每一个阶段，一旦某个阶段目标完成不了，那么到最后，担子会越来越重，压力会越来越大，就很容易放弃。我的做法是把40%的工作任务落实在第1个阶段，简称为“4025工作法”。

表4–5 平均分配任务工作法

第1个阶段	第2个阶段	第3个阶段	第4个阶段
25%	25%	25%	25%

为什么“4025工作法”能让人快速完成任务呢？这种先紧后松的任务分配不至于让人陷入之前所提到的“邻居孩子陷阱”。假如第一个阶段的目标任务只完成38%，亏欠的目标任务滚动到第二阶段，目标任务就变成22%。如果第二阶段只完成目标的18%，亏欠的目标任务滚动到第三个阶段，目标任务就变成24%。假如第三个阶段只完成19%，那么第4个阶段的目标任务就变成25%（如表4–6所示）。如果你有完成38%的任务的辉煌过去，你还畏惧25%的困难吗？

表 4-6　4025 工作法的应用

第 1 个阶段	第 2 个阶段	第 3 个阶段	第 4 个阶段
40%	20%	20%	20%
38%	22%	20%	20%
38%	18%	24%	20%
38%	18%	19%	25%

在工作中，如何正确使用“4025 工作法”来提高完成任务的效率呢？在此，我将自己的经验分成三个步骤进行一下介绍，每个步骤中又包含把它做对的要点。

步骤 1：盘点任务，量化权重。

要点：

（1）盘点任务时尽量细分，以画句号为标准。

（2）权重只有三级，需要跨部门沟通以便为整体扫除障碍的事项为最高权重，赋予它的分值是“3 分”；需要寻找新的方法才能执行的事项为中级权重，赋予它的分值是“2 分”；有现成的资源利用就可完成的事项为低级权重，赋予它的分值是“1 分”。

步骤 2：按轻重缓急统计出 40% 占比，作为第 1 个 1/4 阶段的任务。

要点：

（1）第 1 个阶段目标任务包括量化目标落实到本阶段的数量任务。

（2）为后面 3 个阶段的量化任务做准备的工作事项。

步骤 3：将每个阶段亏欠的目标任务，滚动到下一个阶段，直到清零。

要点：用余额控制量化技术计算执行力指数，并且建立新的激励机制。

在使用“4025 工作法”时，最关键的是如何使用“余额控制量化技术”。“余额控制量化技术”是通过一个公式来计算任务完成者的执行力的：执行力表现值 =［1-（实际余额 - 目标余额）/ 目标余额］×100%。一般来说，领导者布置任务给下属，检查下属的完成情况时习惯思维是已经做了多少，而不是余额是多少。“余额控制量化技术”就打破了这一惯性，领导者同意执行者将任务尽量细化成具体的、容易做出结果的细项工作。领导者考核下属每个阶段执行力时，看的是剩余的工作量。

如果上司有 100 件事情让一位下属执行，上司希望下属某个阶段完成 10 件事情，那么作为下属来说，对于上司交代的 100 件事情就只能留下 90 件事情。公式中的“目标余额”就是 90。如果下属完成了 15 件，公式中“实际余额”应为 85，那么，根据公式计算出下属的执行力表现值为 105%。

如果上司用余额控制量化公式来考核下属未完成的工作，并且建立奖惩机制，那么“4025 工作法”就可以更好地敦促执行者“画句号”的行动了。

教会别人，人才复制

当我们从订计划、用资源、找方法、做结果这四个行为管理模式中积累了很多经验时，需要把它们总结出来，教会别人，进行人才复制。

企业发展最大的瓶颈不是市场不好、资金不够，而是在扩张的时候没有足够优秀的团队。也就是说，企业发展最大的瓶颈是人。可是有些管理者自己做得非常好，部属却没有成长。

领导者怎样快速地把自己工作中最好的经验分享给部属呢？在此，我可以给大家提供一个简单的工具——工作分解表。这是一个非常好的教别人的工具。具体而言，需要注意 5 点：（1）步骤是段落，而不是动作；（2）表述时使用动词+名词的格式；（3）表述要简单，3 ~ 8 个字，不要太长；（4）步骤不能累积超过 10 个，超过 10 个就再分解出另外一个分解表；（5）主体作业与准备作业要加以区分。

要点是：（1）要点是窍门，而非每一细微动作；（2）

影响品质、安全、易做因素；（3）简单明了、量化、数字化；（4）如果要点超过6项，我们就要把步骤再进行拆分。

在一个服装连锁机构，导购要向店长学习如何叠牛仔裤。叠牛仔裤有四个步骤，如果在工作分解表中把这四个步骤的要点写清楚并强调这个要点的理由，用图文并茂的方式把每个步骤及动作标准拍成照片（如表4–7所示），这时利用工作分解表就比较容易教会别人了。

表4–7 叠牛仔裤的步骤

步骤	要点	要点的理由	图示
1. 平放裤子	拿起裤子，正面向上，向前对折，对齐裤管，拉平后平放台面，平放时裤头向左，臀位朝外	保持平整效果	
2. 叠上裤管	右手托起上裤管上翻折5寸长，人体向左转90°与裤管平行，双手食指上压，拇指往前翻，一层一层卷至裤脚尽头，露出磨花	结实、饱满、不松垮	
3. 1下裤管折花（一）	左手按住上裤脚的下端，右手提起下裤脚的右上角，手腕逆时针旋转180°向外往前翻，折角部位露出一半磨花	防止裤管松开，突出裤管上的磨花	

（续表）

步骤	要点	要点的理由	图示
3. 2下裤管折花（二）	托起下裤管向上朝内叠呈X形	裤管与裤头呈一条直线	
3. 3下裤管折花（三）	右手托起X形裤管向上朝左压住上裤管，露出裤管外的部分朝内折进来	突出下裤管的磨花与上裤管的磨花刚好重叠	
4. 折裤头	左手托起裤头向上朝右折压住下裤管，露出裤管1寸，将吊牌夹至裤头下面	突出裤管上面露出的磨花	

第五章

管理创新

薪酬链接绩效考核结果

加薪由谁来决定?

工程师老任供职于一家汽车零部件制造企业，负责模具技术开发。他是技术攻关的骨干，在工作上勤勤恳恳，也很乐意将经验传授给身边的年轻人。

“领导，这是我的加薪申请报告。”一天，他走进了技术工程部岳总经理的办公室。岳总一点儿也不意外，前几天老任就在他面前抱怨过公司好长时间没给他加工资了，岳总建议他去人力资源部咨询一下申请加工资的程序。

“先放我这儿吧，我先签推荐加薪意见。”岳总接过了那张申请表。

没等岳总示意请坐，任田一屁股坐进了旁边的沙发。“老岳，说实在的，公司给我现在的薪水，连我在外面的徒弟都不如呀。”

“我也觉得你的工资应该上调，但这要走流程啊！”岳总给老任倒了一杯水。

“我在公司工作了5年，只给我调了4次工资，每次就加那么可怜的一点儿”。老任提高了嗓门儿。

“老任，你的意思我理解。”岳总显得紧张起来，毕竟老任是他手上的一张好牌。

“你放心，我个人绝对赞成你的加薪申请，至于加多少、什么时候加还得由总经理说了算。”

“那好，你们这些上边的领导就看着办吧。”老任起身走出办公室。

岳总觉得势头有点不对，赶紧追了出去。“老任，你要相信公司，加薪的事情总会解决的。我希望这件事情不要影响你的工作情绪！”

“我会等，但是等是有期限的！”老任回头答道。

随即，岳总在申请表上对老任的工作给予了充分的肯定，并建议给老任上调工资。按照公司加薪申请的流程：当事人申请→直接上司初审（工作评价）→人力资源部二审（加注薪酬调整幅度意见）→财务部复核→副总经理审核→总经理审批。3个月后，人力资源部收到总经理秘书送来的意见：总经理同意给老任上调工资，薪资水平直逼技术工程部副总经理级别。

但是令人力资源部经理哭笑不得的是，老任的加薪申请总算批下来了，但是他本人却已经另谋高就，提出了离职申请。

上述这件事情反映出什么问题呢？解决这个问题正确的思路又是什么呢？

薪酬是由岗位价值决定的，拿多拿少是由绩效高低决定的，这才是正确的绩效与薪酬理念。A、B岗位的薪酬分别是月薪5400元和4500元，说明A岗位价值比B岗位要大。但是B岗位的当责者某月绩效考核100分，A岗位的当责者该月度绩效考核才80分，如果对他们二人实施奖惩，实际获得的收入就与标准工资不一样。B岗位当责者100%完成目标应该奖励20%，收入就会多出900元。A岗位的当责者没有完成绩效目标，丢掉20分，意味着给公司带来一定的失败成本，应该只发放70%的工资。因此，薪资低的岗位只要任职者干得好，就应该比薪资高但干得不好的岗位上的人要拿得多，这也是一种公平。因此，企业要想留住像老任这类员工，需要设置薪酬链接绩效结果的机制。

如何设置合理的薪酬链接绩效考核结果这一激励机制呢？

首先是要处理好职级、绩效与薪酬三者之间的关系。根据公司经营目标确定整体可供分配薪酬总额，岗位不同价值贡献不一样，根据职等职级确定在薪酬总额中占比即可计算出不同岗位的薪酬水平。每个岗位的薪酬结构里分解出一部分作为绩效奖金，职级不一样，绩效奖金占比不同。这样，企业如果实施月度绩效考核，不同绩效分数对应有一个奖金系数，很容易就能计算出绩效奖金了。

其次，企业要设定一个游戏规则，让加工资变成是自动加工资，而不是由个人申请上司批准加工资。比如规定中层人员凡是连续三个月考核分数都在95分以上，那么第四个月就可以升一级工资。理论上，如果一年有四次自动加薪的机会，“老任”们还会逃离吗？

薪酬是由岗位价值决定的，拿多少由考核结果决定

昆山某印刷电路板有限公司下属有一家小型工厂，约有60名员工，一直是由总经理兼任厂长。随着公司业务量不断扩大，总经理决定招聘一位厂长来管理公司。

可是，厂长这一职位的招聘连续进行了大半年，还是没有找到合适的人。有些应聘者的能力被总经理欣赏，但应聘者觉得岗位薪酬水平不符合期望值；有些应聘者很有意愿干好这个岗位，但总经理又觉得他们阅历浅。

岗位评估是指依据合理的、统一的、事先确定的规则和标准，也就是根据岗位所需技能、职责大小、决策的影响力、工作复杂程度、重要性等因素对岗位进行综合评价的过程，确定岗位在组织内的相对重要性和排序的过程。

写你所做，做你所写

“打破砂锅问到底，还要问那只砂锅在哪里！”管理者在检讨问题的时候，往往会追溯到“职责不清”这项根本原因。于是，企业经常会安排各级管理者厘清自己的职责。难道之前公司没有为员工设定“职责”吗？答案肯定是“有”！关键是大多数情况下，员工并没有按照约定的职责执行任务，而且日常所做的工作也不是一页纸所能全部覆盖到的，所以员工职责里写的并不是他所做的，做的也并不一定都被写进“职责描述”里了。

我在企业管理实践中有这样的体会：一般的企业并不是制度不完善，而是最根本性的制度缺失，或者制定制度的方法不合理。岗位职责描述是企业最基础的管理制度，是目标任务落实到岗位的表现形式，是岗位价值评估的标的，也是责权利统一的起点。那么，设定岗位职责最科学的方法是什么呢？

通过大量的管理实践活动，我们终于摸索出了一套“全息关键职责描述法”。首先，我们用“5W2H”的思维架构对岗位的职责信息进行全面扫描，称之为“全息”；从“为谁（Who）创造价值”与“怎样创造价值

（Which&When）”两个关键的维度构成矩阵；运用坐标分析对职责进行细部表述，称之为“关键”。职责描述的内容就是如何（How to do）使用公司的资源（How much）实现目标。“全息关键职责描述法”是我在管理学上又一个真知灼见！

全息关键职责描述法是对岗位的工作模块进行逐个分析，岗位的工作模块来源于“经营目标体系”。不是职责决定目标，恰恰相反，是因为有了公司的目标，才有了不同岗位职责的要求！

企业如何全面系统地组织职责描述呢？我的建议是，由人力资源部门牵头，组织公司高层学习本书中关于“全息关键职责描述法”的原理，结合本书中总经理岗位案例，自上而下地进行全息关键职责描述。

原则上来说，下级的职责描述是由上级设定的，因为上级授权下级完成什么样的工作，以及希望下级如何完成这项工作，上级理应比下级更清楚。

产生一个新的岗位时，人力资源部门就应该规划、督导该岗位上司用“全息关键职责描述法”为此岗位界定工作职责；

当公司战略调整、经营目标体系构建、价值链设计和组织结构发生变化时，每一个岗位都要用“全息关键职责描述法”重新界定工作职责；

薪酬水平是由岗位价值决定的，“岗位的职责和工作的范围”是岗位价值评估的一个重要维度，因此“全息关键职责描述”是科学的岗位评估的前提条件之一。

企业的目标是通过岗位分工合作来完成的，"全息关键职责描述"是岗位的定位表述，也是分工的依据。

岗位职责表述是企业人力资源管理的奠基石，是岗位任用、人才选聘、培训规划、生涯规划、岗位轮调等工作的指导性文件。

案例 总经理全息关键职责描述

KPC是整体机房电源产品与服务供应商，一直致力于为用户设计电力保护及机房电源解决方案，并提供最优质的电源产品、技术服务及售后平台，使用户的关键设备得到安全、可靠的电力保障。其公司结构如图5-1所示。

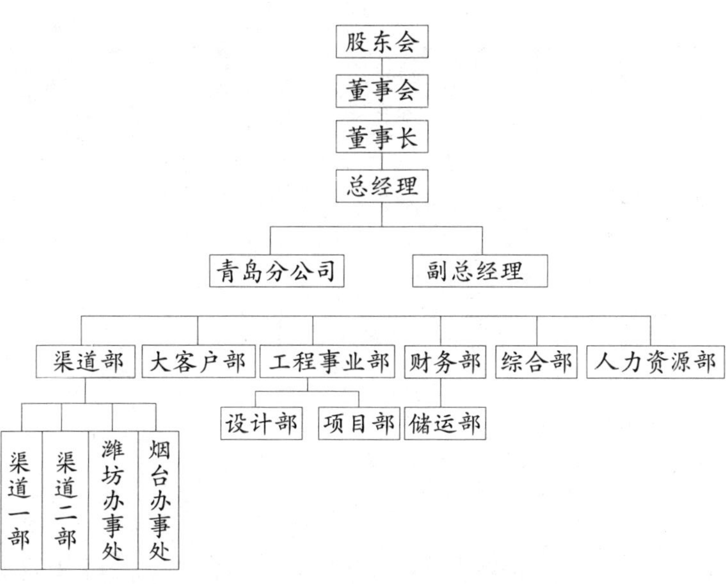

图5-1 KPC电源系统有限公司组织结构图

我们运用“5W2H”的原理，首先确定What——岗位名称是“总经理”，Why即为什么设“总经理”这一岗位，它的使命是“领导全体员工为客户创造价值”。

总经理的工作模块来源于迈克尔·波特价值链模型中的业务系统“市场营销”“供应链管理”“项目交付”“售后”和支持系统中的“战略与资本”“财务管理”“人力资源管理”“行政后勤法务及IT管理”等八大模块。每一模块都需要用“全息关键矩阵”来详细分析（如图5–2所示）。

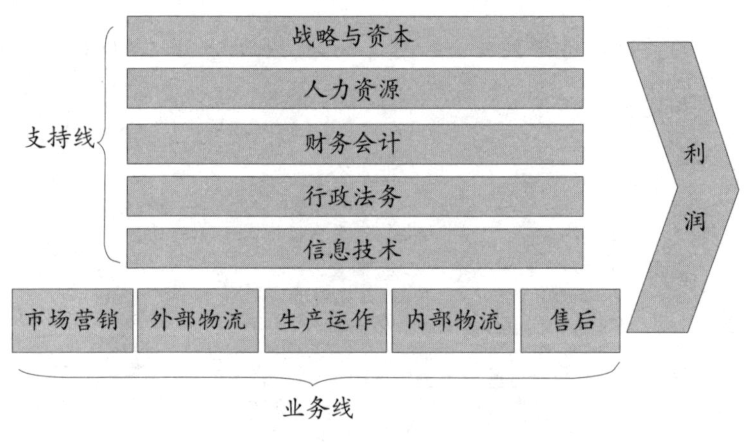

图5–2　总经理工作模块

矩阵的横坐标回答的是执行岗位人为谁（who）提供价值？每个人的工作对象不外乎以自己为圆心、上下左右5个角度全方位为“上级”“下级”“平级”“外部”及“自我”提供结果。

纵坐标回答的是执行岗位人以什么样的方式（which）和什么样的频率（when）开展工作？工作方式分为“计划”“实施”“检查”和“改善”等四种类型，工作的频率分别为“年”“月”“周”“日”。这个矩阵里一共有 80 个方格，按照每一个方格对照“工作”模块进行分析，就可以描述职责履行的步骤（how to do）和资源使用（how much）情况了（如表 5-1 至表 5-8 所示）。

工作模块（一）

表 5-1 工作模块（一）：市场营销 · 矩阵分析

who which/when		上级	平级	下级	自我	外部
计划	年	★①		★②		★①
	月				★⑦	
	周					
	日					
实施	年	★③		★③	★④	
	月					★⑨
	周					
	日					
检查	年					
	月			★⑥	★⑤	
	周					
	日					

（续表）

who which/when		上级	平级	下级	自我	外部
改善	年					
	月	★⑧				
	周					
	日					

“市场营销”职责描述。

（1）根据董事会的战略决策，确定年度市场营销战略；用SWOT分析工具确定营销战略的四种态度：WT不做什么，SO大胆出击，WO拓展合作伙伴，ST谨慎进入。

（2）督导营销总监召开营销研讨会，根据营销战略，编制年度营销计划。

（3）将董事会利润目标与营销战略中主营收入目标相结合，作为经营目标体系中财务指标的确定依据。按照绩效100工程的要求，形成年度完整的经营目标体系。

（4）代表公司与各部门负责人签订目标管理与绩效考核责任书。

（5）主持半年度工作总结会议，针对市场营销管理，总结得与失，表彰先进，提出下一步的工作安排

（6）根据营销部门和分公司月度销售目标完成情况，用目标滚动计划重新确定下一阶段的销售目标，利用对等法则原理，界定总经理与当事人的责任和义务。

（7）根据目标达成状况，结合公司资源，调整营销计划。

（8）根据销售目标完成的实际情况向董事会提出业务调整的方向以确保销售目标的达成。

（9）积极参加行业峰会，了解行业发展态势，对标与标杆企业的差距，制订新的目标和计划。

工作模块（二）

表 5-2 工作模块（二）：供应链管理 · 矩阵分析

who which/when		上级	平级	下级	自我	外部
计划	年	★①				
	月					
	周					
	日					
实施	年			★⑤		★② ★③
	月					
	周					
	日					
检查	年					
	月					★④
	周					
	日					
改善	年					
	月					
	周			★⑦		★⑥
	日					

“供应链管理”职责描述。

（1）根据董事会确定的战略，设定供应链战略，优化采购与供应的体系；运用产品矩阵与合作矩阵，针对供应商的表现，分析适合公司发展的供应商类型，并且形成供应商的ABC分级管理模式。

（2）建立供应商评鉴系统，对供应商实行动态监控，随时调整采购策略。

（3）走访供应商，掌握上游产品的技术动向，洞察行业发展趋势，为销售方案中体现客户利益提供卖点。

（4）根据供应商战略及供应商评鉴系统，为合格供应商提出标准。

（5）设定采购降低成本的目标，敦促采购负责人确定具体方案。

（6）将供应商支持我们的经验的办法推广到更多供应商中，争取到更多好的政策。

（7）对采购负责人绩效目标未达成的事项重新定义结果，制订新的计划，预防差错，充分利用资源，制订多种计划。

工作模块（三）

表 5-3 工作模块（三）：项目交付·矩阵分析

who which/when		上级	平级	下级	自我	外部
计划	年				★② ★⑤	★①★③
	月					
	周					
	日					
实施	年					
	月			★④★⑦		
	周					
	日					
检查	年					
	月					★⑧
	周					
	日					
改善	年					
	月			★⑥		
	周					
	日					

“项目交付”职责描述。

（1）根据年度销售计划把目标分解到产品销售与工程项目中。

（2）根据公司设定的三年战略规划公司未来资质能力。

（3）了解行业发展趋势，对比行业标杆企业，规划公司产品和技术发展方向。

（4）督导技术总监建立项目交付评价体系。

（5）根据年度战略设定高端人才引进机制，强化技术实力。

（6）根据营销目标的要求，规划技术交流，深化设计、施工、预算控制、调试的能力要求，盘点现状，分析缺口，进一步提出补充计划。

（7）责成技术总监督导大型工程施工过程，检查技术负责人的施工总结。

（8）对具体业务当中出现的经济责任纠纷予以处理。

工作模块（四）

表 5-4　工作模块（四）：售后·矩阵分析

who which/when		上级	平级	下级	自我	外部
计划	年		★④		★①	
	月			★③		
	周					
	日					
实施	年			②★⑤		★⑥
	月			★⑦		
	周					
	日					

（续表）

who which/when		上级	平级	下级	自我	外部
检查	年					
	月					
	周					
	日					
改善	年					
	月			★⑧		
	周					
	日					

“售后”职责描述。

（1）根据年度营销目标体系确定售后增值服务利润指标。

（2）协助技术总监编制售后服务手册（组织结构、人员分工、操作流程及管理表单）。

（3）督导技术总监建立售后服务满意评价体系。

（4）根据公司年度战略组织经营管理委员会规划公司运营售后维护业务模式。

（5）督导技术总监设定运营维护业绩管理的激励机制。

（6）将行业售后服务先进的理念、方法和体系移植到本公司。

（7）根据公司营销战略和人才培养规划，督导技术工程部组织售后服务人员培训，提升售后服务意识和水平。

（8）责成技术总监把售后维保当中好的经验做好推广普及。

工作模块（五）

表 5-5　工作模块（五）：战略与资本 · 矩阵分析

who which/when		上级	平级	下级	自我	外部
计划	年		★②★③	★⑤	★①	★④
	月					
	周					
	日					
实施	年			★⑥		
	月					
	周					
	日					
检查	年					
	月		★⑦			
	周					
	日					
改善	年					
	月			★⑧	★⑨	
	周					
	日					

“战略与资本”职责描述。

（1）围绕客户细分对关键业务、渠道通路、客户关系、核心资源、价值主张和重要合作伙伴等经营要素做系统思考，得出收入来源和成本结构组合的最佳赢利方案。

（2）将收入来源和成本结构构成 3×4 象限，从每个象限分析收入来源、计价方式，以及成本结构和支付方式，形成赢利突破方案。

（3）组织经营管理委员会成员根据商业模式和赢利模式设定3年发展规划。

（4）根据公司中长期发展战略制订投资融资并购计划。

（5）将年度战略落实到经营管理活动中，组织经营管理委员会结合董事会收入目标、利润目标编制年度经营计划；对每一个完成目标的策略的时间安排，以及把当责者、规划者、协助者、维护者、评估者的角色分配到位，责任到岗。

（6）督导营销部门将商业模式做成不同的应用版本（含视频、PPT、电梯测试等应用场景）。

（7）主持月度经营分析会，找出差距，寻找对策。

（8）主持年度、半年度战略会议，坚定战略信心，强化业务发展举措，使全员对战略目标达成共识。

（9）计算各部门培训收益投入比，为新一年的培训预算的准确性提供依据。

工作模块（六）

表5-6　工作模块（六）：财务管理·矩阵分析

who which/when		上级	平级	下级	自我	外部
计划	年				★ ①	
	月					
	周					
	日					

（续表）

who which/when		上级	平级	下级	自我	外部
实施	年		★③★⑤	★⑥		
	月			★②★④		
	周					
	日					
检查	年					
	月					
	周					
	日					
改善	年					
	月					
	周				★⑦	
	日					

“财务管理”职责描述。

（1）根据董事会对于收入和利润的指标要求，确定成本预算方案，以此来决定利润率及资产周转率、财务杠杆及净资产回报率。

（2）争取上游供应链更好的信用政策及银行的支持，设计合理的财务杠杆，优化资产结构。

（3）确保公司控制经营风险，实现经营目标，主抓内部控制体系的建设，组织经营管理委员会成员围绕内控体系，分头梳理和优化公司各项政策、制度与程序。

（4）确定对策，通过筹资活动和净现金流入等手段，优化公司现金流（现金流为正）。

（5）负责全面预算管理工作，成立全面预算管理委员会，设定预算管理流程和制度，责成财务部门和业务单位、职能部门做好预算编制。

（6）研究国家税务政策，结合行业内税务筹划成功案例，指引财务人员合理避税的工作方向。

（7）利用财务报告的结论，作为经营策略调整的依据。

工作模块（七）

表 5-7　工作模块（七）：人力资源管理·矩阵分析

who which/when		上级	平级	下级	自我	外部
计划	年				★①	
	月					
	周					
	日					
实施	年				★②★③★④	★④
	月				★⑤	
	周					
	日					
检查	年					
	月				★⑥	
	周					
	日					
改善	年					
	月				★⑦	
	周					
	日					

“人力资源管理”职责描述。

（1）根据公司业务发展的战略规划，制定年度《人力资源战略》作为人力资源开发与管理的指导性文件。

（2）通过股权激励方案设计留住优秀员工，吸引外部人才。

（3）围绕为客户创造价值的宗旨，根据年度经营目标优化业务流程，调整组织结构；提高公司运营效率，通过组织的协同和职能的分工，满足客户不断增长的需求。

（4）结合外部的薪酬调查及年度的经营计划制定具有外部竞争性、内部公平性的薪酬方案。

（5）创建学习型组织，以自身能力成长作为表率，创造全体员工学习与成长的氛围。

（6）运用“总经理满意度调查”的数据分析，找出领导风范、工作氛围、上下关系、员工个人价值实现方面的改进点。

（7）通过重点KPI指标库完成情况的动态监测来分析公司经营的阶段性瓶颈，研究拟订对策，并且将责任落实到相关岗位。

工作模块（八）

表 5-8 工作模块（八）：行政、法务及IT·矩阵分析

who which/when		上级	平级	下级	自我	外部
计划	年				★⑨	★①
	月					
	周					
	日					
实施	年				★④	
	月			★⑦	★②	★⑧
	周					
	日			★③		
检查	年					
	月			★⑤ ★⑥		
	周					
	日					
改善	年					
	月					
	周					
	日					

“行政、法务、IT”职责描述。

（1）以法人代表身份代表公司签署有关协议、合同、合约及处理有关事宜。

（2）致力于培育公司核心竞争力，建设保证公司永续经营的企业文化。

（3）审批公司产品标准、管理手册、管理程序、公司行政公文和有关人事、财务的管理制度。

（4）决定组织结构和人事编制，决定公司员工的聘任、辞退、任免、薪酬和奖惩。

（5）审批各项预算计划和财务支出 。

（6）审批公司方针、目标、发展规划和各部门业务计划、规划，审批采购物资价格。

（7）审批公司产品标准、管理手册、管理程序、公司行政公文和有关人事、财务的管理制度。

（8）联系公司法律顾问处理法律事务，保护公司合法利益不受侵害。

（9）规划公司信息管理，利用互联网技术提升运营效率和运营安全。

八方管控，向组织运作要结果

某位工商管理学教授说，组织运作可以让本来不能胜任的人完成工作。本来不太胜任的人，如何通过组织运作让他们参与的任务达成目标呢？**组织的魅力在于分工，科学的分工能把个人效率与组织效率很好地链接起来。**

某企业招聘专员小陈是一个新手，入职之初，她就接手了三个重要岗位的招聘工作，公司要求45天内人员到岗。这也是人力资源部总监根据公司人才战略规划安排的阶段招聘任务。小陈的上司是人力资源部章经理，章经理交给她一本招聘手册，让她按照招聘流程和操作方法实施，并且对小陈的工作计划进行了审核。小陈为了让网上招聘广告更具有吸引力，请市场部平面设计专员用Flash制作了招聘广告。

招聘工作开始了，小陈晚上加班加点筛选应聘者的简历，然后开始通知面试。章经理每天都会敦促小陈的工作，了解她工作的进展情况并及时提供资源支持。同时安排考核专员协助小陈预约应聘者时间，还叮嘱前台文员帮助她接待面试者。

有一个岗位招聘的是技术工程师，由于小陈不懂专业技术，只能根据简历上应聘者的工作履历来判断是否符合入职条件。小陈同公司研发总监沟通，一起从简历中挑选4位优秀应聘者安排面试。这次由研发总监主持集体面试，小陈在旁做记录，她对研发总监表现的专业水平很是佩服。

小陈把每个岗位初试过关的名单整理了一份清单，为了方便总经理做最后的用人决策，她在“面试人员录用决策分析表”中详细填写了初试时面试官给予每个人的评价，并且将背景调查的情况也提交了书面报告。章经理不时提醒她与面试过的人员保持沟通，及时通知最终决定录用的人员。

经过一番努力，三个岗位的应聘者都按照时间节点到岗了，后来也都经过了试用期考核。在大家眼里，小陈这次的招聘工作圆满完成了任务。

我们仔细分析一下，小陈之所以能顺利完成任务，其实是组织运作的结果。首先，招聘人员的入职条件和招聘预算是由人力资源总监规划的，招聘广告的样式是由市场部平面广告专员拟订的，考核专员和前台文员在招聘过程中协助小陈做了些具体的工作，面试者的评估是由用人单位负责人或者专业人士来担任的。上司不断地督导小陈的工作进展，并站在维护制度与流程权威的角度让小陈使用招聘手册。至于哪个招聘者最适合公司的要求，最后是由总经理来决策的。

诚然，小陈是这次活动的执行者，是对“结果”负责的责任人。在这个组织运作中，有不少人围绕这一“结果”发挥了作用，他们分别是：规划者——对全局负责，拟订者——对形式负责，协助者——对过程负责，督导者——对进度负责，维护者——对规则负责，评估者——对质量负责，决策者——对风险负责（如图 5–3 所示）。

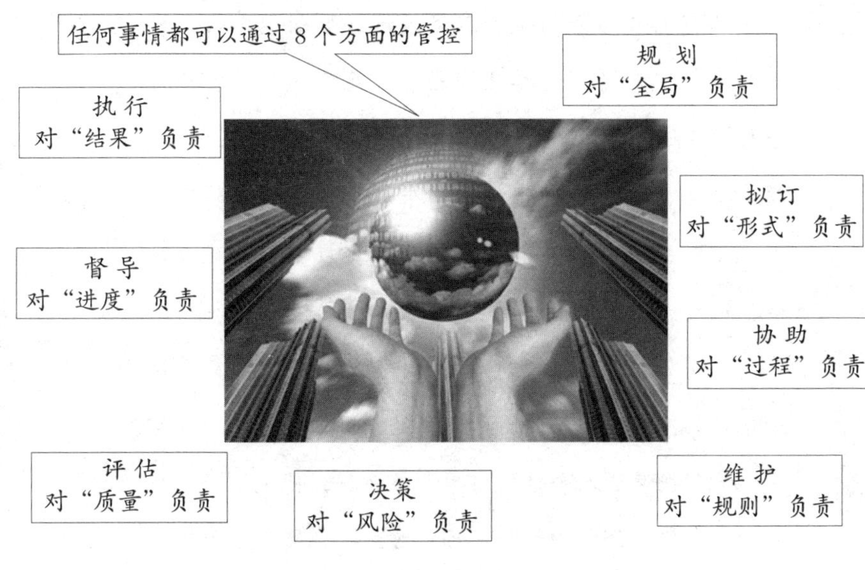

图 5–3 八方管控模型

任何事情通过“规划、拟订、执行、协助、督导、维护、评估和决策”管控到结果，我们不妨把它称之为“八方管控”。参与八方管控活动，不是指“八”个不同的人，而是指“八”个不同的角色。有些角色可以集一人之身，比如“规划、督导、维护、决策”等，有时候，“协助”者可能涉及一个部门的多个同事，也有可能是跨部门的不同人。但是，“执行”者就是指某一个人，若两个人或多个人对“结果”负责，那么就会出现责任除以二（或更多）等于“零”的现象。

我们再通过一个案例看看“八方管控”的方法是如何解决管理中的问题的。

某仪器公司专门生产温度湿度控制仪器，代表性产品是医院产房用的婴儿暖箱。前几年该公司生产标准化产品，积累了大批量生产模式的业务流程经验。随着竞争格局发生变化，客户个性化订制需求越来越大。这就意味着如果老客户的个性化订单不被对手抢走，做生意的方式就需要变化。

公司领导认识到以前的赢利模式只局限于生产高性价比产品，较高赢利的附加值高的产品业务还是一片空白。为了快速进入个性化订单业务领域，他们把一个车间的运作模式调整为细胞式作业方式，取得了阶段性的成功。但是，接下来，也发生了很多意外。

由于工作人员已经习惯了标准化的业务流程，个性化订单业务从接单、设计、生产计划到采购、外部协作、物流等各环节，易出现节奏不一致的情况，导致不能保障交期，生产效率低下。为了提高各部门的协作效率，确保个性化产品业务的质量、成本和目标交期，该公司的管理采用八方管控的方法来管理交期，取得了成功。

有一次，有一批个性化产品冲击箱的订单交期急迫。总经理用“八方管控检核表”（如表 5–9 所示）把参与人员的角色做了界定，每个人的工作时间节点也做了安排，并责成生产副总随时检查大家的工作。如果第一次检查没有按时按量完成则黄牌警告，第二次检查仍未完成则亮红牌，接受公司制度规定的处罚。

表 5-9 八方管控检核表

订单	冲击箱		举措		警告（黄牌、红牌）
权责		责任人	时间节点	检核	
规划	对技术方案（全局）负责	张 ×（技术总监）	5 月 15 日前	□是 □否	
拟订	对制订生产计划（形式）负责	罗 × ×（生产副总）	5 月 16 日前	□是 □否	
执行	对装配、调试、发货（结果）负责	甘 ×（技术应用工程师）	6 月 30 日前装配、调试结束；7 月 5 日之前发货	□是 □否	
协助	对外部协作、采购（过程）负责	史 × ×（采购经理）	6 月 4 日之前外部协作、采购到齐	□是 □否	
督导	对外部协作、采购、生产（进度）负责	罗 × ×（生产副总）	每周一 9：30 会议	□是 □否	
评估	对调试、说明书、检验项目、客户的维护（质量）负责	卫 ×（售后服务部经理）	6 月 25 日前	□是 □否	
维护	对非标件生产控制作业程序（规则）负责	罗 × ×（生产副总）	随时	□是 □否	
决策	对供货合同交期遵守与否的经济制约（风险）负责	崔 ×（总经理）	交期前	□是 □否	

在这批订单交期管理中，技术应用工程师甘 × 对结果负责，是责任一对一的执行者，被要求对 7 月 5 日前产品出厂负责。技术总监张 × 是规划者，对产品技术方案全局负责，被要求在 5 月 15 日前完成产品技术规划。生产副总罗 × × 集三种角色于一身，必须在 5 月 15 日前制订生产计划，他是生产作业方式的拟订

者，同时他每周一上午9：30召开产供销协调会，负责对外部协作、采购、生产等进度进行督导，同时他要随时按照非标件生产控制作业程序安排工作，维护制程规则。采购经理史××是负责采购和协作加工单位跟单的岗位，是参与过程的协助者，需保证6月4日之前外协件和采购的物料均要到齐。售后服务经理卫×对产品调试、说明书的编撰和检验项目的质量负责，6月25日前总经理根据她的评估意见对上述工作给出审批意见。如果运作中出现异常情况需要做决策，总经理要对供货合同交期违约应承担的经济制约风险负责。

通过八方管控工具的使用，这家仪器制造公司向客户交货的时间越来越及时了。

工具 《八方管控》条例

第一章：总则

1．1目的

为了提升公司团队作业效率，消灭公司扯皮推诿的现象，针对“八方管控”管理工具特制定本条例。

1．2术语定义

八方管控是将工作任务从规划、拟订、协助、维护、当责、督导、评估、决策共八个方面明确责任人、设定工作目标、落实激励措施的一套管理实用工具。八方管控是提升团队作业效率的有效工具，是打造一流组织的重要方法。

1．3 八方管控的组织、角色与职责

1．3．1 八方管控组织

（1）×××部门是八方管控的归口管理部门，统筹负责八方管控的各项工作。

（2）各部门应设立兼职的八方管控专员，由部门秘书或相关文职人员兼任，负责收集、记录、上报本部门的八方管控相关数据。

1．3．2 职责

（1）负责八方管控工具的落地推广，避免工作事项推诿扯皮。

（2）负责八方管控的制度设计修订、培训推广，确保八方管控工具的合理应用。

（3）负责八方管控数据的收集、统计、计算。

（4）负责监督八方管控中各方的奖惩结果的应用。

1．3．3 各部门职责

（1）负责应用八方管控管理工具进行工作的部署安排。

（2）统计八方管控的结果数据上报××部门。

1．4 八方管控角色

说明：

（1）参与八方管控活动，不是指八个不同的人，而是指八个不同的角色。

（2）有些角色可以集一人之身，比如“规划、督导、维护、决策”等，有时候，“协助”者可能涉及一个部门的其他多个同事，也有可能是跨部门的不同人。

（3）“当责者”应是一个人，若由两个人或多个人对“结果”负责，那么就会出现责任除以二（或更多）等于“零”的现象。

角色	角色定位	职责
规划者	对全局负责	负责任务完成前的整体布局
拟订者	对形式负责	负责任务完成的信息、数据，制订工作计划
当责者	对结果负责	完成任务的直接岗位，主要的当责人
协助者	对过程负责	间接支持任务完成的岗位
督导者	对进度负责	对任务完成的进度、异常处理进行掌控
维护者	对规则负责	完成任务时从制度、流程或预算控制方面规范当责者行为
评估者	对质量负责	对任务完成的结果进行评估
决策者	对风险负责	对任务完成结果进行选择、衡量及拍板

1．5 八方管控工作步骤

（1）对每项重要工作任务进行具体描述。

（2）按照计划划分权力和责任，落实到个人。

（3）确定责任人责任范围，落实具体责任人，规定完成任务的时间节点。

（4）根据划分责任范围，对完成重要工作任务的结果进行检查，并做出处理。

第二章 八方管控在各职能模块的运用案例

2．1八方管控在研发管理中的应用案例

权责划分	责任范围	任务描述	5月1日前完成QT9081多路阀改良产品研发		
		责任人	时间节点	检核	警告（黄牌、红牌）
规划	对产品改良方案（全局）负责，召集研发成员启动会	技术总监	1月9日	口是 口否	
拟订	对制作研发进度安排表和研发会议通知（形式）负责	平面设计	1月10日	口是 口否	
当责	对产品改良批量生产（结果）负责	研发工程师	5月1日	口是 口否	
协助	①对客户提出的产品改良意见收集与分析（过程）负责；②对产品改良图纸设计（过程）负责；③对改良产品首件产品（过程）加工负责；④对改良产品模具外部协作（过程）跟进负责	①市场部经理 ②绘图员 ③工艺师 ④采购经理	1日—9日 3日—13日 3日—15日 4日—13日	口是 口否	
督导	对4个协助岗位工作（进度）的监控与跟催负责	研发工程师	每天9：00例会	口是 口否	
评估	对4个协助岗位绩效评价（质量）负责	研发工程师	每月1日	口是 口否	
维护	对各项目成员是否遵照公司研发流程执行（规则）负责	技术总监	随时	口是 口否	
决策	对产品改良（风险）负责	技术总监	1月9日	口是 口否	

2．2 八方管控在人力资源管理中的应用案例

权责划分	责任范围	任务描述	5月1日前完成QT9081多路阀改良产品研发		
		责任人	时间节点	检核	警告（黄牌、红牌）
规划	对招聘实施方案（全局）负责	人力资源总监	10月29日	口是 口否	
拟订	对各个招聘渠道所需不同的媒介（形式）负责	平面设计	10月31日	口是 口否	
当责	对招聘信息发布、简历搜集、简历筛选邀约、初试、复试、录用（结果）负责	招聘专员	11月25日前45人进入岗前培训	口是 口否	
协助	对面试接待、咨询（过程）负责	培训讲师	11月1日—11月23日	口是 口否	
督导	对招聘渠道开发、招聘信息发布、简历搜集、邀约、初试、复试录用（进度）负责	人力资源总监	每天9：00例会	口是 口否	
评估	对复试环节应聘人员任职能力测评（质量）负责	业务经理	11月21日—11月23日	口是 口否	
维护	对招聘渠道的开发利用及招聘成本（规则）负责	人力资源总监	随时	口是 口否	
决策	对录用结果（风险）负责	人力资源总监	11月24日	口是 口否	

2．3八方管控在销售管理中的应用案例

权责划分	责任范围	任务描述	5月1日前完成QT9081多路阀改良产品研发		
		责任人	时间节点	检核	警告（黄牌、红牌）
规划	对库存结构调整方案（全局）负责	董事长	6月30日	口是 口否	
拟订	对库存调整计划（形式）负责	汽配经理	7月3日	口是 口否	
当责	对退货、打折销售、库存指标（结果）负责	汽配经理	7月31日	口是 口否	
协助	对退货渠道联系、销售渠道联系负责	采购主管 销售主管	每日17:30前汇报联系情况	口是 口否	
督导	对退货、销售（进度）负责	分公司总经理	每周五9:00查看库存	口是 口否	
评估	对处理折扣（质量）负责	分公司总经理	1小时内回复	口是 口否	
维护	对退货、销售流程、对账、销账（规则）负责	分公司财务经理	随时	口是 口否	
决策	对打折销售利润损失（风险）负责	分公司总经理	7月31日	口是 口否	

2．4八方管控在生产管理中的应用案例

<table>
<tr><td rowspan="2">权责划分</td><td rowspan="2">责任范围</td><td>任务描述</td><td colspan="3">5月1日前完成QT9081多路阀改良产品研发</td></tr>
<tr><td>责任人</td><td>时间节点</td><td>检核</td><td>警告（黄牌、红牌）</td></tr>
<tr><td>规划</td><td>根据签订合同条款，进行全局规划，对合同的交付全局负责</td><td>营销总监</td><td>9月25日</td><td>口是
口否</td><td></td></tr>
<tr><td>拟订</td><td>对每一批下单的生产计划完成负责</td><td>生产部长</td><td>每一批计划单下达后2小时内</td><td>口是
口否</td><td></td></tr>
<tr><td>当责</td><td>对每一批下单生产的计划按时完成负责</td><td>生产部长</td><td>交期前</td><td>口是
口否</td><td></td></tr>
<tr><td>协助</td><td>对每一批下单生产的计划所需原材料采购及时性负责</td><td>采购部长</td><td>根据生产所需保障10天用量</td><td>口是
口否</td><td></td></tr>
<tr><td>督导</td><td>对原材料采购进度、生产进度负责</td><td>生产厂长</td><td>每三天17：00前报告进度</td><td>口是
口否</td><td></td></tr>
<tr><td>评估</td><td>对每一批生产完成的成品质量负责</td><td>品质部长</td><td>每一批产品交付前</td><td>口是
口否</td><td></td></tr>
<tr><td>维护</td><td>对每一批生产工艺流程负责</td><td>生产部长</td><td>随时</td><td>口是
口否</td><td></td></tr>
<tr><td>决策</td><td>对合同交期遵守与否经济制约的风险负责</td><td>总经理</td><td>交期前</td><td>口是
口否</td><td></td></tr>
</table>

2．5八方管控在品质管理中的应用案例

权责划分	责任范围	任务描述	5月1日前完成QT9081多路阀改良产品研发		
		责任人	时间节点	检核	警告（黄牌、红牌）
规划	对通过认证总体方案（全局）负责	管理者代表	1月31日	口是 口否	
拟订	对制订推行计划（形式）负责	体系工程师	3月1日	口是 口否	
当责	对推行计划落实及认证结果负责	体系工程师	10月25日之前	口是 口否	
协助	对推行计划内相应各项工作实施过程负责	人力资源/行政 生产部 品质工艺部 研发部 PMC部	10月20日之前	口是 口否	
督导	对推行计划各阶段完成进度负责	总经理	每天9：00例会	口是 口否	
评估	对推行计划内各项工作完成质量负责	管理者代表	半个月1次.总体评估在10月20日前	口是 口否	
维护	对推行流程制度进行维护	体系工程师	随时	口是 口否	
决策	对认证通过延期或认证失败的风险负责	总经理	通过认证前	口是 口否	

2．6 八方管控在财务管理中的应用案例

权责划分	责任范围	任务描述	5月1日前完成QT9081多路阀改良产品研发		
		责任人	时间节点	检核	警告（黄牌、红牌）
规划	根据年度财务规划，对融资方案中争取国家专项资金的方案（全局）负责	常务副总	10月15日之前	口是 口否	
拟订	对争取国家专项资金的（形式）负责，确定选择城投借贷+政府补贴	常务副总	12月31日之前	口是 口否	
当责	对争取资金的前期申报、沟通协调、签约、资金专项管理、资金使用审计的最终（结果）负责	财务总监	1月20日之前	口是 口否	
协助	①工程形象进度，固定资产审计入账，配合签订工程合同；②协助申请政府配套费直补资金材料的申报与配合审核负责；③协助起草相关文件，相关资质文件的收集与提交	①工程部经理 ②开发部副总 ③行政人事部经理	1月15日之前	口是 口否	
督导	对国家专项资金申报、评估、签约、各部门配合（进度）负责	内审副总	会议确定各时间节点之前最少1次	口是 口否	
评估	对国家专项资金占公司信用额度的比例（评估），对相关责任人完成工作（质量）负责	内审副总	会议确定各时间节点之后4小时内	口是 口否	
维护	权衡政策、各方利益，对城投借贷+政府补贴规则负责	常务副总	工作进度汇报时及时修正	口是 口否	
决策	对签约各方利益分配（风险）负责	总经理代表董事长	资金到位时间1月31日前	口是 口否	

2．7八方管控在行政管理中的应用案例

<table>
<tr><td rowspan="2">权责划分</td><td rowspan="2">责任范围</td><td>任务描述</td><td colspan="4">5月1日前完成QT9081多路阀改良产品研发</td></tr>
<tr><td>责任人</td><td>时间节点</td><td>检核</td><td>警告（黄牌、红牌）</td></tr>
<tr><td>规划</td><td>对年会的整体方案负责</td><td>行政副总</td><td>1月20日前</td><td>口是
口否</td><td></td></tr>
<tr><td>拟订</td><td>对年会的具体行动计划负责</td><td>综合办主任</td><td>1月22日前</td><td>口是
口否</td><td></td></tr>
<tr><td>当责</td><td>当责工作分配、活动流程、安排调度、设备到位的一系列工作（结果）负责</td><td>企划专员</td><td>1月23日—1月24日</td><td>口是
口否</td><td></td></tr>
<tr><td>协助</td><td>①协助采购活动奖品；②现场设备调试与安装；③节目选拔</td><td>①成本采购部
②工程部
③所有部门</td><td>1月25日—1月30日</td><td>口是
口否</td><td></td></tr>
<tr><td>督导</td><td>监督各项工作任务落实，并实时指导</td><td>综合办主任</td><td>1月23日—1月30日</td><td>口是
口否</td><td></td></tr>
<tr><td>评估</td><td>对年会整体活动的满意度评估</td><td>内审部</td><td>2月3日前</td><td>口是
口否</td><td></td></tr>
<tr><td>维护</td><td>年会的流程和费用控制</td><td>综合办主任
财务部</td><td>随时</td><td>口是
口否</td><td></td></tr>
<tr><td>决策</td><td>对年会时间安排和费用控制（风险）负责</td><td>总经理</td><td>年会结束后</td><td>口是
口否</td><td></td></tr>
</table>

2．8 八方管控在项目管理中的应用案例

权责划分	责任范围	任务描述	5月1日前完成QT9081多路阀改良产品研发		
		责任人	时间节点	检核	警告（黄牌、红牌）
规划	对车站扩能改造项目研发、论证、立项（全局）负责	总工程师	2月28日	口是 口否	
拟订	对编制施工方案（形式）负责	工电部部长	3月10日	口是 口否	
当责	对施工组织（结果）负责	工务段段长	4月1日	口是 口否	
协助	对施工单位招标及设备、材料采购（过程）负责	规划发展部部长 物资设备科科长	3月15日	口是 口否	
督导	对施工进度（进度）负责	总工程师	每周五 15：00会议	口是 口否	
评估	对项目工程质量验收（质量）负责	工程技术科科长	9月20日前	口是 口否	
维护	对验工计价（规则）负责	规划发展部部长	定期	口是 口否	
决策	对施工项目达标、质量、成本控制（风险）负责	总经理	10月1日	口是 口否	

第三章　八方管控的奖惩规定

（1）在工作任务当责中，任何一方未按照计划时间或质量要求完成工作的，给予黄牌警告一次，在当月的绩效考核扣 ×× 分或罚款 ×× 元（或由当事人约定的处罚规则，如跑 5 公里等有创意好玩的处罚措施）。

（2）第二次未按照计划时间或质量要求完成工作的，给予红牌警告一次，在当月的绩效考核中扣 ×× 分或罚款 ×× 元；

（3）季度内 / 年度内评选八方管控工具应用最佳部门，并奖励部门活动基金 ×× 元。

（4）季度内 / 年度内评选八方管控中表现的最佳人员，并奖励 ×× 元。

第四章　八方管控与绩效数据收集

4．1 八方管控使用频次统计

（1）各部门八方管控专员于每月 ×× 日前将上月本部门八方管控表及奖惩统计上报 ×× 部门。

（2）××× 负责统计分析公司月度八方管控的数据情况，并在公司月度经营分析例会上进行汇报或公布。

4．2 八方管控使用效益统计

×× 部门按季度 / 半年度 / 年度统计分析八方管控的应用效果，通过问卷调查了解各部门使用八方管控的效益，分析公司各项重大工作的推进情况，为组织的优化提供依据。

附则

1. 本办法自【　】年【　】月份起实施，试运行【　】个月，【　】年【　】月起正式运行。

2. 本办法须经【　】审核，【　】负责解释、修订。

××有限公司

××××年××月××日

果树理论，策略分析4维法

某集团多年前参与了地方国有建筑工程企业的改制，整合了旗下所有建筑企业，成立了二级集团公司建工集团，并被国家建设部授予建筑施工总承包特级资质，实现了当地市属特级资质建筑企业零的突破。但是，并购后旗下的建筑工程企业纷纷出现不同程度的亏损。如何加强经营与管理水平、扭亏为盈成为集团高层的当务之急。

我发现很多企业处理问题时，“头痛医头，脚痛医脚”，遇到“腰痛”就不知道怎么办了。我当年担任上述某集团管理顾问，采用“策略分析4维法”，帮助其解决项目亏损问题。

“策略分析4维法”是一种系统的思考方法，所谓的系统就是系列规则的有机组合，这是我在从观察大自然的过程中得到的启发。

经营企业就像种一棵苹果树，必须要有财务回报，就像果农需要收获果实一样。财务指标的达成，就是企业经营的结果。可是果实的数量和质量来源于枝叶的健康生长。一棵树枝繁叶茂、硕果累累，要归功于树干。树通过根部吸收养分，经由树干源源不断传递给枝、叶、果。人是企业发展之根本。每一个人都必须扎根自己的本职工作岗位，充分利用公司资源，就像树根从泥土中充分吸收养分为树叶和果实输送营养物质一样。企业的成长就是速度，当员工成长的速度低于企业成长要求的时候，落后的员工将会被淘汰。

企业发展最大的瓶颈就是“人”，组织中最糟糕的人就是不学习、不成长的人。当面临挑战性目标时，由于人的能力没有提升，不仅目标任务完不成，而且还会制造失败成本。我们姑且把经营企业比喻成种果树，称之为“果树理论”。财务是“果实”，果实是有季节的，是要被采摘的，这说明财务的结果是被“分享”出去的。客户价值是“枝叶”，枝叶是会枯黄脱落的，而且来年又会发芽，重新长出新的枝叶。这说明客户价值是要不断地去满足他们新的需求。内部运营是“树干”，树干容易遭病虫害，也是容易被外界攻击的，这说明内部运营是需要被“优化和保护”的。学习与成长是“树根”，树根是看不见摸不着的，要挖出来才知道尺寸，这说明学习与成长是不容易“测量”的。

那么，如何从“果树理论”中形成一套方法解决某集团工程项目亏损这一难题呢？

这里，我们将问题上升到战略层面就是：如何提升项目管理的赢利能力？

界定了问题之后，第一步应该从“财务回报”角度思考“解决这个问题要达到什么样的结果？”

第二步应该从“客户价值”角度去思考“解决这个问题会给客户带来什么样的价值？”

第三步应该从“运营改善”角度去思考“在管理上要做哪些改善才能解决这个问题？”

第四步应该从“员工成长”角度去思考“解决这个问题对哪些岗位有哪些成长要求？”

这种结构性的思考方法叫作“策略分析4维法”。接下来，我们就用这种方法形成某集团工程项目扭亏为盈的方案。

我们首先在“财务回报”上确立一个目标：工程项目净利润率达到10%。公司以这个目标来考核项目经理，采取的行动策略是项目全额承包责任制，明确项目班子与公司的责、权、利关系，规定项目班子在项目施工期间的工作目标和具体工作要求。工程开工前，公司必须与项目部签订全额承包责任书。因特殊原因致使责任书的内容不完整时，可在相关内容确定后签订补充条款。项目开工前必须合理确定项目承包各项指标，并在项目全额承包责任书中加以明确规定，作为项目考核与兑现的依据。项目承包责任指标主要包括：成本、质量、安全、工期、文明施工、环保、CI形象、结算及收款等方面的内容。

工程质量指标基本要求：所有类型的工程必须确保一次交验合格率100%，工程整体质量评定达到优良等级。若业主对工程质量有特殊要求，也应在全额承包责任书中有明确说明。工程质量指标按月度奖金和工程完工兑现两部分进行控制。月度工程质量指标达不到优良，应扣除月度奖的10%。工程完工后，工程质量达不到优良等级或业主指定的质量评定等级，兑现时扣除兑现奖的10% ~ 30%。

安全生产指标基本要求：必须杜绝死亡和重伤事故，严格控制工伤频率，保持安全生产的正常秩序。若发生一起轻伤事故，扣除主管工长和项目经理当月奖金的10%；发生一起重伤事故，扣除主管工长和项目经理当月奖金的50%，以及项目最终兑现奖的30%；发生死亡事故，除按集团有关规定执行外还应扣除项目经理部当月奖金，以及项目最终兑现奖的50%。

工期进度指标基本要求：必须确保公司与业主在工程承包合同中所约定的工期目标的实现，同时要根据项目实际情况，合理安排工期，提高企业信誉，保障正常的生产秩序。工期指标按工程量和形象进度进行考核，月度工期指标达不到规定的要求，应扣减当月奖金。当工程整体形象进度达不到规定要求时，应相应扣减兑现奖。

文明施工指标基本要求：项目必须按照有关规定，积极创建优良施工现场。项目经理部达不到现场创优指标的，应相应扣减月度奖和兑现奖。

成本降低指标基本要求：项目承包基数确定后，项目经理部在努力完成质量、安全、文明施工等承包责任指标的同时，应搞好成本降低工作。项目成本降低率必须达到项目承包额的3%以上。项目成本降低指标的奖罚为项目月度奖按项目成本降低额的30%计提控制发放。项目完工兑现时，按项目超降低成本的10%～30%进行兑现。

项目经理部必须按照承包责任书规定的上交比例，根据当月实际完成工程量计算各项上交费用。项目完工并与业主办理工程结算后，公司预算部门应相应办理项目内部承包结算，扣除规定比例上交款后作为该项目承包收入。

项目经理是负责收取项目施工工程款项的直接责任者，项目必须按公司与业主签订承包合同中约定的时间和方式收取工程款项并办理工程结算。

接下来“客户价值”“运营改善”和“员工成长”方面

的解决方案如何确定呢?

从“客户价值”层面来看，某集团在为建设单位施工时倡导从工程文化转型为交付文化。

交付文化是指在业务获取、项目交付和收入实现的每个环节，站在让甲方满意的角度展开各项工作，并且每个岗位的行为都要被客户认可。为了保证项目交付文化落地实施覆盖率达到100%，公司用“过程检查量化统计技术”考核每一个项目部。

项目管理单位检查考核评分汇总了项目管理的11个环节，包括单位组织管理、合同管理、安全控制、质量控制、工期控制、成本控制、技术管理、劳务管理、材料管理、机械设备管理、信息管理等。

项目管理检查、考核的具体程序是“一听”“二查”“三看”“四评议”。

听：检查考核小组听取项目经理汇报在建工程项目的综合情况及项目施工情况。

查：检查考核小组根据汇报情况，按专业分工、部门对口分别查阅公司在建工程项目管理依据、文件、资料等。

看：检查考核小组到施工现场，对在建工程项目实地检查项目进展情况及有关专业管理项目的落实情况。

评议：检查考核小组综合分析检查情况，与受检项目部交换意见，提出各项工作的改进措施，下发整改通知单，并对检查考核综合考评在95分以上的在建工程项目给予奖励，对检查考核综合考评在70分以下的在建工程项目给予惩处。

从“运营改善”层面来看，某集团建立了7套项目管理标准作业流程。

所谓的流程就是在一项任务执行过程中，从开始到结束时每项工作的信息和任务流的具体呈现。流程要规定每个任务节点涉及不同岗位的角色体现，流程要畅通，参与流程的每个岗位都要保持相同的意见，流程实际上就是多边协议。

某集团在项目评估系统、项目层级管理体系、项目团队建设、项目范围管理、项目造价管理、项目采购管理、项目合同管理、现场综合管理和项目进度控制等9个方面建立了标准作业流程。每个流程文件里都明确了流程目的、适用范围、任务阶段、起止点、执行标准、时限和相关表格，用流程图和文字说明进行双重表达。

有哪些工作任务需要建立多边协议呢？某集团总工办牵头各部门逐一盘点出9大系列57个子流程。

第一个流程系列——“项目评估系统”，包含项目市场分析、项目财务分析、项目经济分析、项目方案比较、项目评估管理会议、施工现场环境与安全评估等6个子流程。

第二个流程系列——“项目层级管理体系”，包含项目部成立、项目策划、项目季度检查、项目转移等4个子流程。

第三个流程系列——“项目团队建设”，包含项目人力资源规划、项目人力资源组建与退场、项目内部劳务资源进场与退场、项目外部劳务资源进场与退场、项目经理的聘任、项目职责分工等 6 个子流程。

第四个流程系列——“项目范围管理”，包含项目工作分解、项目相关利益方分析 2 个子流程。

第五个流程系列——“造价管理”，包含工程数量精算、项目定额确定、项目目标成本确定和项目目标成本调整等 4 个子流程。

第六个流程系列——“项目采购管理”，包含潜在供应商评审、已合作供应商评审、项目材料采购发包需求计划、项目周转材料及大型机具需求计划、项目劳务需求计划、项目需求计划调整、项目采购计划发包 2 万元以下（含 2 万元）、项目采购计划发包 2 万元 ~ 5 万元（含 5 万元）、项目采购计划发包 5 万元 ~ 50 万元以下（含 50 万元）、项目采购发包或招标、采购实施战略合作、项目劳务发包、周转性材料及设备租赁、项目采购发包预付款支付、项目结算进度款或预付款支付、项目分包进度款或预付款支付、项目保证金支付等 17 个子流程。

第七个流程系列——“项目合同管理”，包含合同模板确定、采购战略合作订购单、采购合同签订、采购合同变更、项目合同执行与控制等 5 个子流程。

第八个流程系列——“现场综合管理”，包含项目各项计划管理、项目现场管理收文、项目现场管理发文、现场休假管理、项目报建与报验管理、材料送检管理、送检不合格材料处理和变更管理等 8 个子流程。

第九个流程系列——“项目进度控制”，包含项目主进度计划编制、送样品进度管理、项目现场进度控制与调整、项目资源调度和项目责任分工调整等 5 个子流程。

为什么要建立 9 大系列共 57 个作业程序呢？因为工程项目的成本控制来自于管理效率的提高，管理的无序和无谓的沟通会带来成本的增加。在建立作业程序的过程中，员工参与面越广，对作业标准的掌握程度越深，员工在多边协议达成中讨论越深，执行作业标准的主动性力度就越强。

从“员工成长”层面来看，某集团推行“项目成本管理操作指南”。

在提高项目获利能力方面有很多着眼点，但项目经理的成本管理能力是矛盾的主要方面。某集团项目经理部组织编写了“项目成本管理操作指南”，把它作为项目经理培训教材。经过考核合格的项目经理由公司颁发项目经理“成本管理能力胜任证书”，只有持证的项目经理人员才能被公司聘任为项目经理。

某集团的“项目成本管理操作指南”着重从人工费、材料费、机械费、间接费用和分包费等 5 个方面总结了成本控制的经验，提炼出系列操作要点。

如何进行人工费控制呢？

第一，人工费控制实行“量价分离”原则，通过分部分项工程招投标，将人工费单价一次承包，明确劳务班组所承包的工程内容、单价及奖罚，同时对月度预结算工作量实行从紧原则，一般情况按月度预算工作量的80% ~ 90%进行预结，完工后再根据实际工作量进行兜底结算，从而避免重复开工、多开工现象。

第二，有条件的工程可采取整栋或分部分项工程总价包干的方式，并将零星定额用工、计时工、清包估点工及所有未预见用工视工程大小、工期快慢及难易程度按一定比例包死，对于因各种原因事先无法计算工程量的项目，采取单价包干的形式预结，在工程量明确后再按总价包干办法调整。

第三，计时工指标控制，现阶段执行标准为主体工程3% ~ 5%，装饰工程15% ~ 20%，并在项目承包责任书中予以明确，实施人工费总价包干办法的项目，计时工、清包估点工的结算与支付采取包干合同的形式与作业班组单独协调明确。

第四，项目人工费总额实行工资总量控制，并在项目承包责任书中明确，月度及竣工时兑现考核奖罚。

第五，劳务班组实行风险抵押金制度，项目应扣留劳务班组当月结算额的10% ~ 20%作为风险抵押金。

第六，加强现场管理，规范定额工作内容，减少因返工、返修发生的人工费支出，同时对上一工序留下的工程质量问题需下一工序修复的费用，在结算时从上一工序扣除出来支付下一工序，避免因工程质量、工作内容的变更引发重复结算。

第七，各单位人事科应结合人工费市场价格和项目的具体情况，定期编制、发布内部人工费信息，实施人工费单价计划指导控制。

如何进行材料费控制呢？

第一，材料费控制采取“量价分离”的原则，即材料采购价格的控制和材料消耗量的控制。

第二，钢材、木材、水泥、砂、石等大宗材料按照材料采购招投标管理规定，实行集中招标采购，确保实现材料采购价格的降低比例。

第三，项目所急需零星材料由项目部自行采购，公司按季发布五金、电器、低值易耗品等零星材料指导控制价，项目部根据指导价实行限价采购。

第四，对有消耗定额的主要材料，以消耗定额为依据，实行限额领料制度，通过限额领料，与施工班组签订材料节超奖罚合同进行用量控制。

第五，加强计量控制，各种材料进场时，项目材料员、工长、施工班组、保卫等相关人员必须准确计量、验收。

第六，对部分小型及零星材料可采取按工作量计算消耗量承包给班组，随同人工费一并结算，由班组自行采购。

第七，合理组织施工生产，减少周转材料的使用数量及时间。

如何进行机械费控制呢?

第一，合理安排施工生产，减少因安排不当引起的设备闲置。

第二，通过加强设备管理，合理调剂，提高设备完好率、利用率。

如何进行间接费用控制呢?

第一，制度控制：通过建立健全各项规章制度进行控制，如对通讯费、办公费、交通费等实行包干，实行费用报销二人会签制度，制定项目非生产用车配备管理办法等。

第二，项目经理部管理人员实行定编定员管理。

第三，公司应加强对项目各项费用开支的检查监督。

如何进行分包成本控制呢?

第一，分包成本主要由公司进行控制。

第二，公司应严格分包工程招投标程序，建立合格分包商名册，选择多家合格分包商进行招投标，择优确定合格分包商。

第三，根据与业主签订的工程合同条款，在与分包商签订工程分包合同时应约定，双方共同承担资金风险和结算风险，即业主支付工程款后再向分包商支付分包工程款，业主办理结算后再办理分包结算，以此降低企业风险。

第四，严格分包工程进度结算审核制度，建立分包结算台账，使分包工程进度结算在受控状态下进行。

综上所述，某集团从“财务回报”“客户价值”“运营改善”和“员工成长”四个方面制定了业绩突破解决方案，经过一年的实施，赢利的工程项目达到90%，其中超过80%项目的净利润率达到10%以上。

经营分析会，你做对了吗?

时间过半了，年初的各项经营指标完成得怎么样了？一般的企业领导人对这个问题都十分关心，要求各业务系统和职能部门开展工作总结，找出差距，发现问题，提出整改措施。

大部分企业在半年总结是这样做的：统计各项数据，计算完成比例，回顾工作历程，总结几条经验，吸取几点教训，展望未来，表表决心。这样进行总结，往往流于形式，对于经营目标达成起不了多大作用。

我通过总结企业管理二十五年实践经验，得出一套企业半年总结的工作思路。企业经营的阶段性工作总结最好的办法就是对前一阶段执行任务的复盘，围绕“目标—责任—计划—资源”四要素进行逐一检讨。

第一步：回顾目标。企业绩效是要求每项工作都必须达成整体目标，每位管理者都必须把工作重心放在追求企业整体经营目标达成之上。

第二步：审视责任。企业组织是通过分工来定位每个岗位的工作职责，通过协作来完成整体目标。

第三步：调整计划。目标是长期性的，计划是阶段性的。无论目标达成率是否阶段性实现，都不应该修改目标，只能调整计划。

第四步：激活资源。所谓的“资源”就是企业生产要素的总称，是企业达成目标的过程投入。企业目标是否达成，除了人的主观能动性外，还要看“物质资源”“信息资源”和“能量资源”有没有被充分激活。

我把上述套路命名为“经营分析四步法”，接下来结合情景案例让大家掌握其中的要领。

A公司是一家为中国移动、中国联通和中国电信三大电信运营商提供外包服务的股份制企业。公司业务包括通信工程施工、通信网络维护和系统集成业务。目前A公司在北京、山东、湖南、广东、广西、贵州和海南等地设有三十多家地市级分公司，拥有七千名员工，年营业收入达十多亿元人民币。2016年底，A公司引进了“绩效100工程”内部培训，业务经理级别以上的228位经营管理人员参加了培训。作为通信服务行业中的领先企业之一，A公司在培训中全员达成共识，按照行业平均增长速度的3倍确定新的一年的主营收入目标。同时，也采用其他确定目标值的方法确定了毛利率、应收账款周转率、人均产值等经营指标。

“绩效100工程”课程里有一个“4025法则”，意思是把40%的工作落实到第一个1/4阶段。对于A公司来说，就是要把实现全年目标的40%的任务量安排在第一个季度完成。因此半年工作总结首先是要看这40%的任务是否圆满完成，同时各项经营指标是否达成上半年的任务分配比重。如果指标完成得不好，就要将亏欠目标滚动到下半年开始的第一个月，并且制定新的措施。

A公司发现上半年收入目标达成了，但是回款目标却很糟糕，便迅速在总部经营管理部组织成立应收账款工作小组，梳理每一个项目存在的回款障碍的节点，并采取“攻其一点不及其余”的行动策略，先把容易收尾的工作做完然后快速向运营商验收结算。当然，A公司也充分分析了影响应收账款的原因，从完善应收账款的制度和流程入手，寻找标本兼治的管理方法。

A公司在毛利润目标分解上采取项目部—地市级分公司—省级公司—总公司四级责任制。有些利润中心毛利润目标完成很好，积累了很好的工作经验，A

公司成立专门的办公室，组织人员深入一线，采集项目开源节流的情景案例，提供给其他经营管理者学习与借鉴。这种做法实际上是把内部资源的效应最大化体现出来了。

A公司在半年总结会上，不再是像过去听取大家完不成目标的原因分析，而是把精力放在审核各经营单位下阶段的新举措上，所以各部门负责人在总结报告里主要突出上半年各目标达成的占比情况、各责任人在工作执行中的履职情况，对胜任能力进行充分的衡量。A公司认为半年总结的目标不是为了评价上半年的业绩，而是盘点哪些资源还没有被充分地挖掘出来，下阶段如何充分利用资源达成目标，这成为各位经营者总结的重点。

A公司在半年的工作总结中形成了这样的共识：不是修改目标，而是调整计划。即使有些任务完成得不好，离目标达成还有很大的距离，也不能降低目标值。A公司采取的策略是确定新的计划与措施，抓住机会，将自身的优势和外部的机会有效结合起来，从而最终实现目标任务。

综上所述，我们应该进一步明白一个道理：总结是为了发现问题，找出差距，从而制订新的计划，调动每个责任人的积极性，充分激活资源，争取下一场战役的胜利。